若手研究者必携

比較教育学のアカデミック・キャリア

比較教育学を学ぶ人の多様な生き方・働き方

森下稔・鴨川明子・市川桂 編著

東信堂

はじめに

　比較教育学を学んできた人は、どのようにキャリアを重ねてきたのでしょうか。そうした疑問に答えるべく、大学院・ポスドクから初職（多くは任期付き職）、セカンドキャリア（テニュア獲得）と時系列に本書を編んでいます。

　本書『若手研究者必携　比較教育学のアカデミック・キャリア』は、比較教育学を学ぶ大学院生や若手研究者を主たる読者として想定しています。また、中堅以上の研究者の中で、学部生や院生を指導している先生方にも手に取っていただきたいと思っています。

　本書の内容は、比較教育学を学ぶ人にとって特有の内容と、大学院生や若手研究者一般に当てはまる内容の両方が含まれています。執筆者には、30代半ば〜40代後半の方々が多く、日本比較教育学会をはじめ様々な学会で活躍されている方々ばかりのように見えるかもしれませんが、そういう方々も悩んだり、葛藤したりしています。そして、ご自身の経験から学んだことを非常に率直に語り、克服する術を共有してくれています。

　以下、第Ⅰ部から第Ⅴ部までの内容を簡単にご紹介します。

　「第Ⅰ部　比較教育学の実践・研究をどう発信するか（院・ポスドク）」は、国内外の学会誌へのアウトプットの方法や、学振への応募に長けている方々による章です。大学院生やポスドク研究者にとって最も気になる点ではないでしょうか。まず、石川裕之さん（第1章）は、日本比較教育学会賞（平塚賞）を受賞されており、学振の特別研究員に応募する際のチェックリストをまとめています。川口純さん（第2章）は、学会紀要『比較教育学研究』だけでなく、様々な専門誌に査読付き論文を投稿し採択された経験から、そのメリットとデメリットを赤裸々に語っています。荻巣崇世さん（第3章）は、*Compare* とい

う比較教育学分野を代表する国際誌に査読付き論文が掲載されています。不採択の経験から、掲載に至るまでの過程を示しつつ、具体的なノウハウを伝授しています。佐藤仁さん（第4章）は、博士論文をもとに単著を出版し、学会賞を受賞されています。そこに至るまでの過程や留意する点について丁寧に述べています。

「**第Ⅱ部　大学院時代をどう乗り切り、初職を得るか（院・ポスドク）**」は、比較教育学に特有の様々なキャリアパスを経てきた方々による章です。佐藤裕紀さん（第5章）は、大学院生から初職を得るまでどのように戦略的に生き抜いてきたか、対象国や主たるテーマの研究ネットワークに参加した経験を包み隠さずに語っています。武小燕さん（第6章）は、比較教育学関連のゼミナールで近年増加している留学生のキャリアパスについて、留学生特有の院生時代の過ごし方と就職までの道のりやその難しさに言及しています。内海悠二さん（第7章）は、国連機関等での国際教育開発の多様な実務経験から研究へのキャリアパスを紹介しつつ、アカデミアの就職への実務経験の生かし方に触れています。特に教育開発を学ぶ方にとって、とても参考になると思います。

加えて、コロナ禍という特殊な状況にあって、比較教育学研究をどのように進めるかというコラムを北村友人さんがコンパクトにまとめ、就職活動に際しての具体的なティップスを市川桂が臨場感たっぷりに紹介しています。

比較教育学を学ぶ人の所属は多岐に渡りますが、初職として、教職課程や教職大学院で教員の養成・研修に携わる方々は少なくありません。そこで、「**第Ⅲ部　教員養成・研修で、比較教育学をどう生かすか（初職：専門を生かしにくい職）**」は、比較教育学という専門をなかなか生かしにくい職を初職として得た方々による章としました。高橋望さん（第8章）は、国立大学の教職大学院で教員研修や教員養成に携わる中で「外国」の教育を伝える重要性と意義に言及しています。中島悠介さん（第9章）は、私立大学における教員養成に携わっています。それぞれ、就職活動、業績の重ね方や博士論文執筆に始まり、現在の業務と研究のバランス、教員養成・研修に携わるおもしろさ・や

りがいや悩みにも触れています。森下稔さん(第10章)は、理工系学部の教職課程を一人で運営してきた様子を紹介し、そのよさを挙げています。第Ⅲ部は「教員養成・研修」に携わる方々特有の内容だけなく、より一般的な内容も盛り込まれています。

　初職に就いてからテニュアまでの壁を考える「**第Ⅳ部　ワークライフバランスをどう保つか(初職〜セカンド・キャリアの壁)**」は、初職に就いてからテニュアを得る頃の壁として、妊娠・出産・子育てと仕事を工夫しながら歩んでいる方々による章です。江田英里香(第11章)さんは、4人のお子さんを育てながらライフとワークのバランスをとる日々を、わかりやすい図に示し紹介しています。伊井義人さん(第12章)は、職に就いてから、出身大学とは異なる国立大学の博士課程に入り直し学位論文を執筆された経験を丁寧に描き、その難しさやプラスの側面に触れています。鴨川明子(第13章)は、国立大学の教職大学院にてどのように比較教育学を教育現場で生かすことができるかという点と、キャリア形成の過程で直面した悩みや解決策を伝えています。

　どちらかというと、専門を生かしやすい職に就くのは、初職ではなくセカンドキャリアの方々でしょうか。「**第Ⅴ部　比較教育学をどう教えるか(セカンドキャリア・テニュア:専門を生かしやすい職)**」は、比較教育学という専門分野を比較的生かしやすい職に就いている方々による章です。しかし葛藤や悩みもあります。松本麻人さん(第14章)は、国立大学で比較教育学の講義や演習を担当する中で、文部科学省の外国調査係という教育行政官として働いた経験を生かす方法をポイントを絞って教えてくれます。乾美紀さん(第15章)は、ラオスの学校建設を支援する場に学生を引率した経験や、アクティブラーニングを用いた授業の具体的な内容や方法を披露しています。羽谷沙織さん(第16章)は、比較教育学に隣接する国際教育の最前線で活躍する裏で比較教育学と国際教育のはざまで葛藤した経験から学んだことを共有しています。

　なお、本書は、日本比較教育学会研究委員会（森下稔委員長、2017-19 年度）による若手研究者に対する研究支援事業の一環として実施した、ラウンドテーブル（「比較教育学を学ぶ人のためのアカデミック・キャリアシリーズ」）の成果を広く公表するものです。本書の出版に際して、研究委員会の先生方（乾美紀先生、北村友人先生、渡邊あや先生）には様々なご支援をいただきました。とりわけ南部広孝先生には本書の構成のもととなるアイディアをご教示いただきました。また、山内乾史研究委員長（2014-16 年度）編『若手研究者必携　比較教育学の研究スキル』（東信堂、2019 年）と合わせて手に取っていただくことを願っております。

　最後になりましたが、企画に賛同し非常に迅速に形にしてくださった東信堂の下田勝司社長、下田奈々枝氏に感謝申し上げます。

　　2021 年 1 月

鴨川明子・市川　桂

目次／若手研究者必携 比較教育学のアカデミック・キャリア
──比較教育学を学ぶ人の多様な生き方・働き方──

第Ⅱ部　大学院時代をどう乗り切り、初職を得るか（院・ポスドク）

第5章　大学院時代から初職を得るまでのサバイバル

第6章　留学生の院生生活と就職への道のり…… 武 小燕 64

第III部 　　　**教員養成・研修で、比較教育学をどう生かすか**
（初職：専門を生かしにくい職）

第IV部　　ワークライフバランスをどう保つか
（初職〜セカンド・キャリアの壁）

第Ⅴ部　　　　　　**比較教育学をどう教えるか**
　　　　　　（セカンドキャリア・テニュア：専門を生かしやすい職）

若手研究者必携

比較教育学のアカデミック・キャリア

──比較教育学を学ぶ人の多様な生き方・働き方──

第Ⅰ部

比較教育学の実践・研究をどう発信するか(院・ポスドク)

第1章　日本学術振興会の特別研究員に応募する

石川裕之
（京都ノートルダム女子大学）

1. はじめに

　みなさんは「学振（がくしん）」という言葉を聞いたことがありますか。正式には「日本学術振興会特別研究員」といいます。ごく簡単にいうと、審査を受けて選ばれた若手研究者に対して、2〜3年の間、生活費と研究費を支援してくれるというありがたい制度です。本章では、学振応募の未経験者や初心者を念頭に、制度の内容や審査の仕組み、申請書の書き方などについて、筆者の経験を踏まえつつ概説していきます。学振の申請区分は幾つかに分かれており、本章は主に DC1・DC2（博士課程に在学する大学院生向けの申請区分）への応募を念頭に置いて書かれています。しかし、申請書の書き方などはPD（博士学位取得者向けの申請区分）に応募する際にも役立つ内容ですし、科研費に応募する際にも参考になると思います。

2. 学振に応募しよう

　読者の中には、「これまで自分の所属研究室から採用された人がいないし」とか「自分の研究業績ではどうせ採用されないだろうし」といった理由で学振への応募をためらっている人もいるのではないでしょうか。しかし、そういった人たちにも筆者は学振への応募を強くおすすめします。なぜなら学振は不採用になった際のデメリットが小さいのに対し、採用された際のメリッ

トが非常に大きいという特徴があるからです。中でも経済面でのメリット
は相当なものです。2020年度採用分を見ると、生活費にあたる研究奨励金
はDC1・DC2共通で月額20万円となっています。また研究費にあたる特別
研究員奨励費も毎年度150万円以内で支給されます。特に比較教育学分野の
若手研究者にとって、海外調査にかかる費用を研究費から支出できる点は大
きな魅力です。これだけの額のお金をアルバイトで稼ぎ出すのは至難の業で
しょう。経済面での安定は、時間面や精神面でもメリットを生みます。生活
の心配なくすべての時間を研究に注ぎ込めるのは、若手研究者にとって最高
の環境と言えるでしょう。ちなみに不採用になっても、希望すれば審査結果
が開示されるので次回の応募に生かせます。つまり、いずれ応募するつもり
なら、できるだけ早めにチャレンジした方が得なのです。ちなみに筆者は
DC1の応募で不採用、DC2の1度目の応募でも不採用、DC2の2度目（通算
3度目）の応募でようやく採用を勝ち取りました。特にDC1の申請書は今見
ると恥ずかしくなるくらいの出来でしたが、それでも1度目と2度目の苦い
経験がなければ「3度目の正直」は起きなかったと思います。

3. 制度の概要を把握しよう

　それではまず、制度の概要について見ていきましょう。

1) 何のための制度なのか

　日本学術振興会ウェブサイトによれば、学振とは「我が国の優れた若手研
究者に対して、自由な発想のもとに主体的に研究課題等を選びながら研究に
専念する機会を与え、研究者の養成・確保を図る制度」（下線部は筆者）である
と説明されています。ここからわかるのは、学振は若手研究者という「人」
を支援の対象とする制度であるという点です。科研費のように「研究課題」
そのものを支援の対象とする制度とは異なるのです。このことは、科研費で
は「採択・不採択」という言葉が使われているのに対し、学振では「採用・不

採用」という言葉が使われていることからもよくわかります。したがって学振への応募に際しては、あなたの研究課題が審査されるというよりも、そうした研究課題を設定し推し進めようとしているあなた自身が審査されるのだという意識を持つことが大切です。学振の申請書についてもただの研究計画書と思わず、あなたが若手研究者として優秀であることの「証拠書類」(大上、2016 年、45 頁) なのだと捉えるようにしましょう。

2) いつ申請するのか

　DC2 は採用時点で博士課程 2 年次以上に在学する者を対象としています。したがって、申請は博士課程に進学してからになります。一方、DC1 は採用時点で博士課程 1 年次相当に在学する者を対象にしていますから、申請は修士課程 2 年次に行うことになります。修士課程 1 年次の終わり (春休み) くらいから応募の準備を始めていくといいと思います。ただ、こうしたことを書くと、「修士論文で手いっぱいの時期に申請書作成なんてムリ！ DC2 から応募しよう…」と考える人もいるのではないでしょうか。確かに申請書の作成は手間暇のかかる作業です。しかし申請書を書くことは自分のこれまでの研究を整理し今後の構想を練ることにもつながりますから、実は修士論文の執筆にも大いに役立つ作業なのです。それに修士論文と違って申請書の場合、出来がわるかったからといって誰かに叱られる心配もありません。ぜひ、DC1 から積極的にチャレンジしていってほしいと思います。なお、学振の申請書は各大学でとりまとめて日本学術振興会に提出します。このため、大学によって学内締切の時期が異なるので注意してください。おおよそですが、毎年 2 月初旬〜中旬に募集要項が公表され、5 月初旬〜中旬に学内締切となるケースが多いようです。募集要項の内容や申請書の様式も年度ごとに変わりますので、必ず自分が応募する年度のものを確認するようにしましょう。

3) 誰と競争するのか

　さて、気になるのが採用状況です。2020 年度採用分の状況を**表 1 –1–1** に

示しました。約20%の採用率となっていますね。5人に1人は採用されているといえますし、5人中4人は不採用になっているともいえます。みなさんはこの数字、どう感じますか。筆者自身は決して「狭き門」ではないと感じます。この表を見てもう一つ気づくことがあります。分野（審査区分）ごとの採用率がほぼ同じなのです。これは、分野間でおおよそ同じ採用率になるように調整されているからです。つまり学振の応募では、申請者全体で競争するのではなく、あくまで同じ分野のライバルとの競争になるということです（実際の審査は「教育学およびその関連分野」といった、より狭いくくりで行われることになります）。

表 I-1-1　学振の採用状況（2020 年度採用分）

資格		書面合議・面接審査区分									合計
		人文学	社会科学	数物系科学	化学	工学系科学	情報学	生物系科学	農学・環境学	医歯薬学	
DC1	申請者数	385	372	587	351	616	277	359	294	470	3,711
	採用数	74	73	114	69	122	53	69	57	90	721
	採用率	19.2%	19.6%	19.4%	19.7%	19.8%	19.1%	19.2%	19.4%	19.1%	19.4%
DC2	申請者数	606	656	768	532	1,038	378	446	509	721	5,654
	採用数	117	128	149	104	198	73	86	100	139	1,094
	採用率	19.3%	19.5%	19.4%	19.5%	19.1%	19.3%	19.3%	19.6%	19.3%	19.3%

出所：日本学術振興会ウェブサイトの情報をもとに筆者が作成。

4.　審査の仕組みを知ろう

「彼を知り己を知れば百戦危うからず」（孫子）という言葉があります。学振への応募についても、どういった人たちがどういった基準や方法に基づいて自分の申請書を審査するのかを知ることで、気をつけるべき点がおのずと見えてくるはずです。

1) 誰に審査されるのか

　学振の審査は、各分野の第一線の研究者の中から選ばれた専門委員約1,800人によって行われます。公平性・公正性を確保するために、1件の申請書につきなんと6人もの審査員で審査することになっています。どの申請書がどういった審査員にあたるかは、「書面審査セット」という少し込み入ったシステムで決まります。重要なのは、申請者の専門からやや遠い分野の専門家であっても審査員に入る可能性が高いシステムになっているという点です。例えばあなたが審査区分（小区分）で「教育社会学関連」を選んだ場合でも、審査員の中に教科教育や教育工学の専門家が入る可能性が十分にあるのです。しかも6人の審査員の持ち点は全員同じ5点満点です。自分の専門に近い審査員も、自分の専門から遠い審査員も、あなたの採用・不採用に対して同じだけの影響力を持っているのです。したがって、たとえ比較教育学分野の研究者であっても、申請書を作成する際には広く教育学分野の専門家に自分の優秀さや研究課題の意義を理解してもらえるような書き方をしなければいけません。特に、特定の国や地域などのフィールドを持っている場合、なぜそのフィールドを選択したのかが異なる分野の専門家にもわかるように、研究の目的や内容と関連づけてしっかり説明することが大切です。

2) どのように審査されるのか

　審査方法は次の通りです。まず6人の審査員は1件1件の申請書に対し、①「研究者としての資質」、②「着想およびオリジナリティ」、③「研究遂行能力」の各項目について、絶対評価で5段階の評点（5：非常に優れている、4：優れている、3：良好である、2：普通である、1：見劣りする）をつけます。さらに、上記の項目の点数を踏まえつつ総合評価を行います。総合評価では、相対評価によって5段階の評点（5：採用を強く推奨する（10%）、4：採用を推奨する（20%）、3：採用してもよい（40%）、2：採用に躊躇する（20%）、1：採用を推奨しない（10%））をつけます（日本学術振興会ウェブサイト、大上、2016年、30頁）。みなさんの場合、基本的に「教育学およびその関連分野」の書面審査セットの中で相対評価を

受けることになるでしょう。上述した通り採用率は約 20% ですから、少なくともこの審査セットの中で 4(上位 30%) より上の評価をもらわないと採用を勝ち取るのは難しくなるといえます。

5. 申請書を書こう

では、実際に申請書を書くにあたってどういった点に気をつけるべきでしょうか。紙幅の都合もありますので、ここでは筆者が特に気をつけてきた幾つかの点を紹介することにします。

1) とにかく見やすく読みやすく

学振の審査では、審査員 1 人につき 30 件から 80 件もの申請書を審査していると言われます(大上、2016 年、28 頁)。審査員は短期間に大量の申請書を読まなければならないのです。少し審査員の立場から考えてみましょう。自分の目の前に大量の申請書が積み上げられていたとしたら、あなたなら 1 件 1 件隅から隅まで熟読しようと思うでしょうか。また、すべての申請書に同じだけの時間をかけて読もうと思うでしょうか。もちろん実際のところはわかりません。しかし少なくとも応募する側としては、「申請書は一度しか読んでもらえない」、また、「場合によっては一部分しか読んでもらえない」と心得るべきです。そこで大事なのは、重要な箇所を下線や太字で強調したり、図表を活用したりするなどして、ぱっと見ればどんな内容が書かれているのかがわかるようにすることです。下線・太字部分と図表だけを見れば申請書の全体像を把握できるのが理想です。読みやすい文章、効果的な図表の使い方は、あなたの研究者としての資質の高さを審査員に示す証拠にもなります。

2) 加点をねらうよりも減点をふせぐ

誤解を恐れずにいえば、審査員の仕事は「落とす」ことにあります。上述した通り最終的な評価(総合評価)は相対評価によって行われます。申請書の

7 割には必然的に 3 以下の評点をつけないといけないのです。再び審査員の立場から考えてみましょう。総合評価の際に一番迷うのは 4 と 3 のボーダーライン上にある申請書ではないでしょうか。4 と 3 の間は採用と不採用を分ける重要な境目の一つです。一方で、このライン上にある申請書は飛びぬけて優れているわけでなく、かといって箸にも棒にもかからないわけでもない、いわば「どんぐりの背比べ」状態だと思われます。こうした申請書に優劣をつけないといけない時、審査員は「3 の評点をつけるための明確な理由」を申請書の中に見つけようとするはずです。つまり審査員の思考や視点が「減点方式」になるわけです。そうした中、指示書きにしたがっていなかったり誤字脱字が散見されたりする申請書が見つかれば、審査員は心置きなく 3 をつけることができるでしょう。最初から 5 をもらう自信があるなら別ですが、そうでないなら審査員に減点する理由を与えないことが大切です。申請書は何度も読み直し、できれば他人にも目を通してもらいましょう。家族など研究の「素人」に読んでもらうのもおすすめです。何をいいたいのかが専門外の人にもちゃんと伝わる内容になっているかをチェックしてもらえるからです。

3) 研究課題の社会的意義にも触れておく

　申請書では、研究課題の学術的な意義だけでなく、社会的な意義（日本社会の課題や国際的な課題など現実的な重要課題に対するインパクト）についても触れておきましょう。学振が国民の血税を原資としている以上、その支援を受けて実施される研究課題に社会的な意義が問われるのは当然といえます。何も「すぐに役に立つ研究をしろ」といっているのではありません。自分の研究について「こういった点で（直接的または間接的に）社会の役に立つのでは」といったことを考えてみる必要があるということです。研究課題の社会的意義に触れておくことは専門の異なる審査員へのアピールとなるので応募戦略として有効です。また、社会貢献の意識を持っておくことは研究者の姿勢としても大切なことだと思います。

4) ハウツー本やウェブサイトを積極的に活用する

　もしもあなたの周りに学振に採用された知り合いがいるなら、ぜひその時の申請書を見せてもらってください。さらに、そうした知り合いがいる人もいない人も、学振応募に関するハウツー本やウェブサイトをフル活用しましょう。現時点での筆者のいちおしは、大上雅史『学振申請書の書き方とコツ―DC/PD 獲得を目指す若者へ―』(講談社、2016 年) です。やや自然科学分野よりの内容ではあるものの、申請書の具体的な書き方が実例を使って分かりやすく記されていますし、学振応募に役立つウェブサイトが多数紹介されているのも嬉しい点です。また、科研費応募に関する本ではありますが、児島将康『科研費申請書の赤ペン添削ハンドブック (第 2 版)』(羊土社、2019 年) もおすすめの 1 冊です。科研費の申請書は学振の申請書と共通点が多いですし、各項目について「わるい例」と「修正案」が載っているので、一通り書いてみた申請書をブラッシュアップする際に参考になります。

　なお上記 2 冊を参考に、比較教育学分野の若手研究者が DC1・DC2 に応募する際を想定したチェックリストを作ってみました (章末**表Ⅰ-1-2**)。扱っているのは、申請書の中心となる「2.【現在までの研究状況】」と「3.【これからの研究計画】」です。自分で申請書をチェックする際や、他人に申請書をチェックしてもらう際にご活用ください。

6. おわりに

　申請書を書き上げ無事提出したら、学振に応募したことはさっさと忘れてしまいましょう。後のことは審査員が決めてくれます。あれこれ心配するよりも、目の前の研究を進めましょう。そして見事採用の通知を手にしたなら、おめでとうございます。あなたは優秀な若手研究者の一人と認められたということです。それと同時に、あなたには将来優れた研究者になるという期待がかけられたのです。ぜひこの機会に、採用期間の 2 〜 3 年といわず、学位

取得や就職を含めて 10 〜 20 年のスパンで研究人生を設計してみましょう。

　一方で、残念ながら不採用になった人、やはり落ち込むと思います。筆者も 2 年連続で不採用になった時にはずいぶん落ち込みました。あの暗く長い時期、恥ずかしながら、筆者はとある韓国教育研究の大家に愚痴をこぼしたことがあります。その時にその先生が仰ったのは、「あなたのつらい気持ちはよくわかります。しかし腐っちゃだめですよ。腐ってみたところで何もいいことは起こりません」ということでした。この厳しくもあたたかい「腐っちゃだめ」という言葉は、当時まさに「腐りかけ」だった筆者に顔を上げ前を向くきっかけをくれました。今でも筆者がしばしば自分に言い聞かせている大切な言葉です。あの頃の筆者と同じような心境や境遇にあるであろうあなたに、先生がくださったこの言葉をエールとして贈りたいと思います。そして次こそはあなたの優秀さや研究課題の意義を審査員に理解してもらえるようしっかり準備し、再チャレンジしてください。

参考文献

大上雅史『学振申請書の書き方とコツ―DC/PD 獲得を目指す若者へ―』講談社、2016 年

児島将康『科研費申請書の赤ペン添削ハンドブック（第 2 版）』羊土社、2019 年

日本学術振興会ウェブサイト、https://www.jsps.go.jp/、2020 年 8 月 25 日アクセス

表Ⅰ-1-2　申請書チェックリスト (DC1・DC2)

全体		□内容は各項目の指示書きに沿ったものになっていますか？ □問題の背景は何か、この研究で何を明らかにしようとしているのかについて、異なる分野の人にもよく理解できる書き方になっていますか？ □下線や太字で強調した部分だけを読んだとしても、あなたが伝えたいことが伝わる内容になっていますか？ □下線や太字で強調した部分は、煩雑な印象を与えない適度な量になっていますか？ □図表が効果的に使われていて、読む人に対し視覚的な面でもうったえるものになっていますか？ □全体的な体裁は整っていますか？（規定枚数は厳守） □文字が詰まりすぎていたり、逆に空白が多すぎたりしていませんか？ □誤字脱字や表記ゆれがないよう推敲は十分に重ねましたか？
2.【現在までの研究状況】	①これまでの研究の背景、問題点、解決方策、研究目的、研究方法、特色と独創的な点	□あなたがこれまでどのような研究をおこなってきたかについて、冒頭の1〜2行で簡潔に紹介されていますか？ □あなたのこれまでの研究の背景、あなたの研究を含めた先行研究の問題点、それらの問題点を解決するために必要な方策などについて、見やすく簡潔に書かれていますか？ □研究の背景や先行研究の問題点を示す上で欠かせない重要文献は提示されていますか？ □研究の背景について、日本社会の課題や国際的な課題など現実的な重要課題と関連づけて書かれていますか？ □なぜその国や地域、人々を研究対象としたのかについて、しっかりと説明されていますか？
	②申請者のこれまでの研究経過及び得られた結果について	□あなたの研究がこれまでどのような経過をたどってきたのか、現時点でどのような結果が得られているのかについて、見やすく簡潔に書かれていますか？ □研究の経緯や結果を示す上で欠かせない研究成果（あなたの論文や学会発表）は提示されていますか？
3.【これからの研究計画】	(1) 研究の背景	□あなたがこれから進めようとする研究の背景は何か、現段階で何が未解決なのか、解決すべき課題は何なのかについて、見やすく簡潔に書かれていますか？ □研究の背景や解決すべき課題について、「2.【現在までの研究状況】」との関連性がよくわかるように書かれていますか？ □研究の背景や解決すべき課題を示す上で欠かせない参考文献は提示されていますか？ □研究の背景や解決すべき課題について、日本社会の課題や国際的な課題など現実的な重要課題と関連づけて書かれていますか？（「2.【現在までの研究状況】」で触れている場合は割愛可）

(2) 研究目的・内容	□これから進めようとする研究の目的、方法、内容について、見やすく簡潔に書かれていますか？（必ず研究方法に触れること） □なぜその国や地域、人々を研究対象とするのかについて、しっかりと説明されていますか？（「2.【現在までの研究状況】」で触れている場合は割愛可） □調査や実験をおこなう場合、用いる手法についての妥当性が示されていますか？
(3) 研究の特色・独創的な点	□これから進めようとする研究の特色や独創的な点、関連研究の中での位置づけや意義について、見やすく簡潔に書かれていますか？ □研究の特色と研究の独創的な点を混同せず、しっかりと書きわけられていますか？ □研究の特色は、研究の重要性と関連づけて書かれていますか？ □研究の独創的な点は、研究がもたらすインパクトや今後の展開と関連づけて書かれていますか？
(4) 研究計画	□研究目的を実現するためにこれからどのように研究を進めていくのか、その概略が冒頭に書かれていますか？ □研究計画は、年度ごとにわけて書かれていますか？ □各年度の研究計画は、研究の目的、方法、内容と関連づけて書かれていますか？ □調査や実験をおこなう場合、その具体的な内容および期待される成果について書かれていますか？ □研究計画を進めるために必要な研究環境・体制が整っていることを示せていますか？ □研究計画を進める上で起こり得る困難や、それへの対応について触れられていますか？
(5) 人権の保護及び法令等の順守への対応	□研究計画の内容は、所属大学院や所属学会などの研究倫理規程に反しないものになっていますか？ □人権保護や法令順守に関してその国や地域で特に気をつけるべき事項がある場合、それへの対応について触れられていますか？

出所：児島、2019年、324-326頁をもとに、大上、2016年を参考にしつつ、筆者が加筆・修正した。

第2章　『比較教育学研究』はじめ様々な専門誌に投稿する——"年に1本だけ"がよい研究なのか

川口　純(筑波大学)

1. はじめに

　本章は他の章とは異なり、少し斜に構えて読み進めていただけますと幸いです。なぜなら、お題でいただいた「様々な専門誌に研究論文を投稿すること」は、必ずしも"よいこと"とは言えないためです。よいことどころか、批判的に捉える若い方も多いでしょう。一つの学会だけに所属し、一つの研究課題を長期間に渡り、深く追求していくことがよい研究者であると考える読者は少なくないのではないでしょうか。

　私も、自分の指導学生に多数の学会に所属して、様々な専門誌にどんどん投稿しなさい、という指導はしたことがないですし、そんな院生がいれば窘めるかもしれません。私自身、就職してから上の先生に「1年間に書いてよい論文は1本だけです。学会や科研も一つか二つまでにしなさい。」とご指導をいただいたことがあります(その時は「有難うございます。参考にさせていただきます。」と言いつつ、その年は結局、5本出てしまい、科研は8件になりましたが……)。

　一方、若い読者の皆さんは就職や転職を考え、これから業績をいかに増やしていくかということも重要視されるでしょう。年間、1本だけで本当に就職できるのか、不安になるかもしれません。何より、書きたいことが次々と湧き出てくるかと思います。第Ⅰ部全体のテーマである「比較教育学の実践・研究をどう発信するか」という点でも、学術的貢献として『比較教育学研究』以外にも精力的に投稿するべきか、悩んでいる方もいるかもしれません。本

章を研究成果の発信方法についてはもちろん、キャリア形成全般を考える際の一助（反面教師？）としていただけますと幸いです。

2. そもそも、研究者は“様々な専門誌”に投稿するべきなのか？

　この問いに答えるのは、簡単なようで意外と難しいかもしれません。研究活動ですので、本来、論文発表は個人の自由であり、ご自身の“研究観”次第です。しかし、現実問題として、投稿方針の決定には、研究テーマや研究手法も関係してくるかと思います。また、院生やポスドク時分には、指導教員の意向や方針は元より、周囲の研究仲間にも影響されるでしょう。私が就職後にご指導いただいた先生のように「一つの学会だけに所属し、年に1本だけがよい研究」という先生の下では、早くから様々な専門誌に投稿するようなことは難しいでしょう。比較教育研究者の中でも、国立大の地域研究系の先生方は、比較的、多数の学会に所属することを推奨されませんし、一つの研究テーマを深く、じっくりと行うことを「良し」とされる傾向にあるように思います。もちろん大学や研究領域に限らず、最後は個人の考えに依りますが、いずれにせよ、指導教員の意に沿わない研究活動は、院生時分にはなかなか難しいものです。

　個人的な経験談で恐縮ですが、私は早稲田大学という私立大学で比較的自由な院生時代を過ごしました。指導教員の黒田一雄先生はじめ、当時、同じ大学にご所属でした西川潤先生、鴨川明子先生、日下部達哉先生に影響を受けて研究観が醸成されました。黒田先生のリサーチ・アシスタント（RA）は5年間させていただきましたが、先生には国際機関や学会から頻繁に原稿執筆や講演の依頼が入り、喜ばれているのか、苦しまれているのか、何とも言えない表情をよくされていました。よく「仕事は断ってはいけません、全て一旦、引き受けなさい」と仰っていたのが印象的です。ただ、若手の内は依頼原稿が次々とくる人は少ないので、依頼原稿だけで様々な論文発表を行うことは現実的ではありません。投稿論文が中心になる人が多いと思います。

　また、当時、国際開発学会の会長をされていた西川先生の RA も 3 年間さ
せていただきましたが、毎年、数冊の書籍を刊行され、その校正を手伝いま
した。当時、既にご退官されていましたが、同時並行で様々な研究を精力的
にされ、こちらの作業が追い付かない程でした。ただ、後述しますが、この
様な超人的な研究発表の方法を若手の内から真似するのはかなり難しいです。
私も少し真似をしてみようと思った時もありますが、自分でも混乱してしま
います。ベテランの一流研究者になると、自身の見識、研究をメタ認知する
ことも可能になりますが、若手の研究者は、まず自身のコアを固めることが
何より重要になります。

　私は博士課程では調子に乗って、他大学の先生の RA までさせていただき
ました。特に、神戸大学の小川啓一先生からは「幾らでも仕事をあげますよ」
と仰っていただき、嬉々として国際機関のコンサルタント業務などを手伝わ
せていただきました。小川先生は、毎回、仕事で得たデータをきちんと論文
化されていました。この様な研究発表の仕方は、特に開発系と言われる研究
者を目指す方には参考になります。開発系の研究者は、早い内から様々な仕
事を振られると思いますが、単に仕事を受けるだけではなく、仕事内容や収
集データを生かして研究成果の発表に結実していく習慣を付けておく必要が
あります。その他にも、阪大の澤村信英先生、名古屋の山田肖子先生、関学
の關谷武司先生など、一線級の研究者に仕事をねだり、厚かましくアフリカ
の現地調査までさせていただきました。論文もまさに"様々な学会誌に"投
稿して、博士の 2 年目で、論文は 6 本になりました。研究や RA 業務が楽し
くて仕方ない日々でした。

　ところが、そんなある日、日下部先生とサウナに入っている時に、「お前
は、節操というものが無いな」と指摘されました。サウナで上せた頭が一気
に冷めたのを今でも、よく覚えています。要は、院生時代には、色んな先生
の研究補助をして、脈絡なく研究を進めていくのではなく、自分のフィール
ドやテーマとじっくりと深く向き合うことが重要というお話をいただきまし
た。そもそも、院生は指導教員にのみ集中すべきで、指導教員にコピー 1 枚

でも取らせると博士号は出ないのが国立大の常識とのことでした（この時は、自分が将来、国立大で院生のためにせっせとコピーを取る教員になるとは夢にも思っていませんでしたが……）。

　さて、この様に、院生時分は多くの研究者に影響を受けて、研究観が醸成されていくわけですが、現実的な問題として、研究が進めば、どうしても書きたいことも次々と出てくるでしょうし、就職を考えても、業績を一定程度は蓄積したくなるものでしょう（私が就職活動をしていた10年程前は、テニュア職に就くためには、23.5本の業績が必要と計算していました。根拠としては、その当時、関連分野で就職された方の平均を出しただけですのでもちろん正確な数値ではありませんが。業績インフレが進行中ですから、現在は英語論文が半数を占める30本程でしょうか）。ですから、若手の皆さんには、様々な専門誌で「発信すべき」とまでは言えませんが、「発信したい」のであれば、"いかに発信していくか"が重要になります。ただ、書きたいことがあるから、書く機会をいただいたから書いてみたでは、私が陥ったような「散らかし研究」をしてしまう可能性もあります。散らかし過ぎると就職後も、様々な苦労に直面します。次節では、様々な専門誌に出すと仮定した上での発信方法について検討していきましょう。

3.　いつ、どの様に発信するのか？

1) 自分はどの「発信タイプ」なのか

　本節では、様々な専門誌に発信するとして、「いつ」出すのか、「如何に」出していくのかの2点を検討していきたいと思います。本来、発信したいタイミングがベストな発信タイミングであるべきです。ですが、現実問題として、若手の方は様々な状況に直面されているでしょう。発信したいけど、できない方もいるでしょうし、反対に自分のタイミングとは関係なく、仕事や依頼原稿がどんどん来て、産みの苦しみの中、執筆されている方もいるでしょう。

　指導教員に年1本だけと言われれば、それに従う方は多いでしょう。しかし、その様な方は往々にして指導教員が"最初の就職先"だけは決めて下さるものです。一方で、博士課程をじっくりと過ごしたいと思っても、1、2年で「この大学に就職しなさい」と言われれば、行かざるを得ません。通称、"植民地"と言われる関連大学のポストに空きが出れば、そこを埋めるのは当然のこととして、四の五の言わず赴任します。この様な方は、国立大の教育学系や地域研究系の研究室に多いのですが、「堅忍果決タイプ」を志向します。院生時分やポスドク時代は力を溜めて（語学、テーマ、地域への精通等）、大学赴任後、重厚な単著を刊行され、学会賞を取り、猛烈に様々な専門誌に出します。就職後も年に1本を守っていたら、30本溜まってようやく自分の意志で転職しても、翌年、退官という様な事態になります（もちろん素晴らしい研究者としてですが）。

　一方、自由な就職活動をされる人は、早くから業績を積む必要性に駆られます。日本学術振興会の特別研究員（PD）が取れればよいですが、途上国で開発コンサルやNGOの職員など、実務をしながら就職活動もして、業績も積んでいくという3足の草鞋を履く方も多いです。このタイプの方は、自身の研究の核となるものは譲らないことが肝要です。地域、テーマ、手法の3つの内、2つはぶれることなく中核に据え、精力的に発信していく「渦巻きタイプ」で発信することが重要です。焦って、関係が希薄なものを引き受け

A.　堅忍果決タイプ

B.　渦巻きタイプ

C.　散らかしタイプ

図Ⅰ-2-1

始めると「散らかしタイプ」に陥ります。何とか「渦巻きタイプ」に留まって、研究を発信していく必要があります。少なくとも、仕事や科研、依頼原稿のお誘いを受けた際、自身の研究関心や研究視点にできるだけ引き付ける努力をしなければいけません。

　Ａの「堅忍果決タイプ」は、地域研究者であれば、その国や地域の専門性を高めつつ発信していくことが必要になります。言葉や風習に精通するのは当然ながら、現地のネットワークを強固に構築して、当該地域ならどの教育段階、分野においても、ネットでも直ぐにインタビュー対象者が確保できるくらいの関係性は築いておきたいです。教育哲学や教育行政学など、教育学系の研究者であれば、当該分野のある専門性に関しては誰にも負けないという一芸に秀でることがまず求められます。

　このタイプはまずど真ん中の専門誌に投稿し、次に隣接する学会誌に投稿していくようになるでしょう。例えば、自身が専門とする「課題」と「地域」を縦と横の軸として、十字状に延ばしていくことが多いでしょう。また、昨今の傾向から英語での論文発信も早い内から求められます。

　Ｂの「渦巻きタイプ」は、上記の通り、コアは維持しながらも、精力的に発信していくことが必要です。科研や仕事もバランスを取りながら、あまり選り好みし過ぎず、研究業務を推進し、そこで得たデータを確実に論文に結実させていきます。自分はアジアだから、アフリカとは関わりたくない。英語の文章は書きたくない、という様な遮断する態度は取りたくないものです。逆に広く受け過ぎて、中心がブレながら発信するのも良くないです。教員の視点から研究しているのでしたら、何の課題でも教員の視点から書いた方がよいです。ジェンダー、障害、量的分析、何でもよいですが、地域や視点、手法等、核となるものを確立させつつ発信していくことが重要です。

　Ｃの「散らかしタイプ」に陥っている人は、できるだけＡやＢのタイプになれる様に心がける必要があります。自分の専門性は何か、コアは何なのかを早く見極め、論文発表を通して、自身のコアが強化されるような発信方法を心がけたいものです。もしくは開き直って、闇雲に書き続けるしかないで

す。他人に何を言われても、書き続け、就職の応募書類には業績を全部、載せずに就職先が求めているものから 30 本くらい選んで記載するという最終手段があります。就職した後に、ゆっくり片づけ（自分の研究を確立）していきましょう。

2) いかに他の研究者と協働で発信するか

　次に大事になるのは、他のタイプの研究者と協働で発信していくことです。これは発信タイプが異なる人と一緒にという意味だけではなく、研究手法や対象等においても、異なるタイプの人と一緒にということです。若手の研究者の中には、一人で研究論文を書くことが何より重要で、2 人、3 人と共著で書けば、それだけ論文価値が下がる、とお考えの方もいるでしょう。決してそんなことはありません。反対に複数の視点で書いた論文は奥行きを持たせ、価値を高めます。ご自身が地域研究者でその地域に精通しているとすれば、マクロな教育動向に精通している人と組むことにより、鳥瞰的な視座と虫瞰的な視座の双方を持った論文が発信できます。量的分析と質的分析の人が組み合ってもよいかもしれません。全く違う国を対象にしている人同士が協働で研究しても、化学反応が生まれ、面白い結果が出るかもしれません。

　この様な研究形態、発信方法は、比較教育学の魅力の一つではないでしょうか。現状では、『比較教育学研究』を見ても、あまり大胆な共著論文は確認されません。指導教員と院生、という組み合わせか、似たような研究仲間との共著論文が多いようです。全く違う系統の人との共著、海外の研究者との共著などは少ないです。現在、コロナ禍において、「現地に行けないからもう比較教育学研究はできない」と思っている人がいるとすれば、非常に残念なことです。現地の協働研究者と密に連携を取って、研究を継続していくべきです。

　是非、若手の皆さんこそ大胆な協働研究を実施して下さい。他の研究室の人とは、最初、壁があるかもしれません。地域系、教育系、開発系の様に、系統を意識して、協働性が阻害されるかもしれません。しかしながら、実は

対象地域や研究方法が遠い人と組むほど、メリットがあるのです。幸運なことに比較教育学会の研究者は、他の学会の研究者に比べると比較的、常識的な研究者が多いです。比較教育学会に所属する研究者はライバル（競争相手）ではなく、協働で他分野や大学執行部に相対する仲間です。残念ながら、多くの日本の大学は理系、特に医学系の論理で動いています。社会科学の論理では動きません。英語の査読付き論文を年に数本、発信することが、平均的な研究者だと思う大学執行部も少なくありません。是非、皆様は比較の仲間と協働し、良質な論文を様々な専門誌に投稿して、就職、昇進と乗り切っていただければと思います。

　もちろん、協働する際に「相手にとってのメリット」を示さなければいけません。双方が利益や「相乗効果」を望めない協働研究は、頓挫しがちです。そのためにも、自分の武器となるもの（専門性、語学、分析手法等）を早くから磨いておく必要があります。日本の地域研究の質は世界でも有数と言われ、地域研究者は比較的引っ張りだこになりますが、特定の地域を持たない方は、自分の武器は何なのか、自分が組みたい相手は自分と組むことによって、何のメリットがあるのか、確認しておきましょう。協調性も大事ですね。変に攻撃的な人や忍耐力の無い人は注意しましょう。穏やかに双方の利益を考慮し、全体的に楽しく研究が進むように常に留意したいですね。

4.　おわりに

　「はじめに」で言及した「年に1本だけがよい研究」という先生の言葉は、"時代錯誤の象徴"ということで出したのか、と思われた読者もいたでしょう。実はそうではなく、この言葉は重要な示唆を含んでいます。やはり、自分の一番発信したいど真ん中の研究は、年に1本くらいしか書けないでしょう。年に5本も6本も出さなければいけない時間的制約の中で、いかにエフォート管理をし、重要な1本を出すか、というのは是非、大切にしていただければと存じます。

　研究の量的側面がクローズアップされる研究評価制度が多くの大学で普及する中、様々な専門誌に投稿しなければ、大学に就職できない、昇進につながらないという強迫観念に押しつぶされ、論文を粗製濫造することが一番、もったいないことかもしれません。是非、「年に1本」を軸に据え、残りの4,5本は、他の研究者と協働で楽しく発信されて下さい。決して、業績インフレの波に飲み込まれたり、英語で薄い論文を大勢でどんどん書いていく時代に流されるのではなく、「年に1本」を大事にして、比較教育学を楽しんでいただければと思います。

第3章　国際誌に投稿する

荻巣崇世（上智大学）

1. はじめに

　研究成果を国際的に広く発信することは、近年非常に強く研究者に求められるようになっています。特に口頭での即興的なコミュニケーションに苦手意識を持つ人にとって、十分に時間をかけて準備ができる国際誌への投稿は魅力的な発信方法の一つです。本章では、比較教育学の研究成果を国際誌に投稿することについて、私自身が経験した実例をもとに、(1) 国際的な学術誌に投稿することの意味を考えるとともに、(2) 執筆、投稿、査読、修正、論文公開に至るプロセスについて見ていきます。英語以外の外国語（例えば調査地の現地語）による研究成果の発表も重要な「国際的な発信」ではありますが、私自身は英語での投稿しか経験がないため、本章では英語の国際誌、特に英国国際・比較教育学会発行の *Compare* に投稿した経験に限定しています。また、今回は単著論文の投稿を想定していますが、ここでの議論は（国際）共著論文にも通じるところがあるのではないかと思います。

　米国で博士課程を修了したこともあり、私はこれまでに5回、異なるジャーナルに論文を投稿してきました（うち採択されたのは一本、なぜか査読さえしてもらえなかったのが一本）。ジャーナル毎に投稿方法、査読者の人数や査読にかかる期間、修正 (revision) のやり方などが異なりますが、論文を投稿して査読者からコメントをもらい、コメントに沿って（時には我を押し通して）論文を練り上げるというのは、採択されるか否かによらず、研究者としての醍醐

味に満ちた学びの多いプロセスです。私の経験をお伝えすることで、国際誌
への投稿に向けて少しでも皆さんの心のハードルを下げることができたら幸
いです。

2.　なぜ研究成果を国際誌に投稿するのか？

　国際誌に論文が掲載されることは、若手研究者にとっては非常に大きな意
味を持ちます。何と言っても、研究業績に英語の論文が入ると履歴書が華や
ぎます。自分の研究を広く世界の人たちに知ってもらうことで、新しい研究
の誘いを受けたり、関連する論文の査読を依頼されたりと、世界の比較教育
研究へとつながっていく契機にもなります。国際誌に論文が掲載されること
は、特に若手研究者にとって多くのメリットがあるのは事実です。

　とは言え、英語で書くことが日本語で書くことよりも価値があるとは、私
は思いません。主に外国の、または世界的な事例を扱う比較教育学者だから
こそ、日本語で丁寧に書いたものを日本の読者に向けて発信し、日本の比較
教育学の知を蓄積していくことの意味は決して軽んじられるべきでないと思
います。現地語での研究成果の発表も同様です。これは現在の英語偏重の知
のあり方、または知の階層化の問題でもあります。自分への反省も込めてで
すが、研究成果を英語で発信することで、知の階層化に貢献してしまってい
るかもしれない現実について、比較教育学者として俯瞰的に考える必要があ
るのではないでしょうか。

　さらに、論文が載ること以上に、結果はどうあれ国際誌に投稿すること自
体に意味があると私は考えています。なぜなら、第一に、英語で論文を書く
ということは、自分の研究をより広い世界的な研究蓄積の中に位置付け、何
がどう新しく、どんな貢献があるのかを問うことであり、自分の研究を新し
い目線から見直すことでもあるからです。

　第二に、そうして書いた論文を専門家が読んでコメントしてくれて、場合
によっては修正原稿にまでコメントをつけてくれるという査読プロセスを通

して、新しい発見が幾つもあることです。自分では考えてもみなかった視点を知ったり、他国の似たような事例に出会ったり、自分の研究のおもしろさや独自性が何なのかが明確になったり、時に厳しい、もしくはひどいとも思えるコメントに心折れつつ、自分がどうしても譲れないポイントはどこなのかが見えたりと、査読を通したコミュニケーションは研究者としての自分を鍛えてくれるものでもあります。私が以前投稿したジャーナルでは、愛読書の著者が特集号の編者だったのですが、その人が編者として私の論文を読んでコメントしてくれました (通常の査読はブラインドのため、査読者の名前は公表されません)。残念ながら採択には至りませんでしたが、尊敬してやまない研究者が私の論文を読んでコメントをくれたという事実だけで、嬉しく誇らしかったのを覚えています。

　さらに、もう少し大きい視点で、日本とは異なる比較教育学のあり方、考え方に触れることができる点にも意義があると思います。特に英国の国際・比較教育学会発行の国際誌 *Compare* は、「何と何を比較しているのか」ということを非常に大切にしており、論文題目、要旨、本文のいずれにおいても、比較研究であることを明示するよう求められます。実際、査読項目に「比較しているか」という項目があります。日本の比較教育学では、明示的な比較をしない一国研究も多く、私自身もカンボジア一国研究を主に行っていますが、*Compare* は比較対象を明示し、比較の方法論をしっかり述べよというコメントが多いと感じました。北米比較・国際教育学会 (CIES) の学会誌である *Comparative Education Review* では、理論的な貢献がどこにあるのかという点について徹底的に問われ、査読コメントの大半が研究の理論的枠組みに対してでした。論文を投稿したことで、各国の比較教育学の違いを実感でき、同時に比較教育学のおもしろさや奥深さを考えるきっかけになりました。

3.　国際誌への投稿プロセス

　ここでは、日本比較教育学会の国際交流委員会による支援を受けて参加し

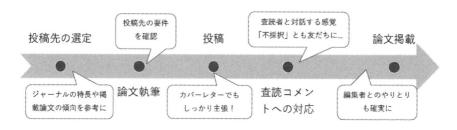

図Ⅰ-3-1　国際誌への論文投稿プロセス

た *Compare* の編集者による論文執筆ワークショップ[1]で得られた知見や経験
も織り混ぜつつ、自著を *Compare* へ投稿し、査読を受けて掲載されるまでの
一連のプロセスを具体的に振り返ることで、各段階におけるヒントや心の持
ち方を共有したいと思います。プロセス全体を俯瞰すると、およそ**図Ⅰ-3-1**
のようになります。

1) 夢広がる投稿先選び

　論文に書く内容がある程度決まっている場合、執筆に先立って投稿先を決
めておくと、字数制限やフォーマット、必要書類等を予め確認してから執筆
ができてスムーズです。そればかりか、個人的には投稿先の選定は一番夢が
広がるプロセスでもあります。比較教育研究の場合、先にも挙げた *Compare*
や *Comparative Education Review* 以外にも、*Comparative Education* や、研究対象地域
の専門誌(途上国を対象とする論文ならば *International Journal of Educational Development* な
ど)など、様々な選択肢があります。これら投稿先のインパクト・ファクター
も重要な要素ですが、各ジャーナルの特長や掲載されている論文の傾向を分
析した上で、自分の論文を誰に読んでほしいか、理論的枠組みや方法論など、
どのような議論の流れの中に位置付けたいのかなどを考慮して投稿先を選ぶ
とよいと思います。各ジャーナルのホームページには求める論文の特徴や編
集委員の一覧が明記されていますので、参考にしてみてください。また、後

でも述べますが、第一希望のジャーナルに一発で採択されると考えず、「ここが駄目ならこちら」という風に、複数のジャーナルに投稿することを見据えつつ、難易度なども含めて優先順位をつけておくとよいのではないでしょうか。

　私の場合、カンボジアの事例に基づく質的な政策分析の論文でしたので、理論構築まで求められる *Comparative Education Review* は候補から外し、カンボジアの教育に関する重要な論文を比較的多く掲載していた *Compare* を最初の投稿先とし、途上国の事例研究を中心に掲載している *International Journal of Educational Development* を第二候補とすることにしました。

2) 論文執筆は孤独が大敵

　投稿先を決めた後、ジャーナルのウェブサイトに掲載されている執筆要項をよく読んで、字数制限や図表の扱いなどに気をつけながら執筆を始めました。執筆に当たっては、「比較・国際の視点を含むこと」「教育の理論や議論を扱い、国際的またはグローバルな視点に位置付けたものであること」という *Compare* が求める論文の要件を踏まえて、自分の論文のどこがどうこれらの特徴に合致するのかがはっきりわかるように書くことに努めました。テーマに関連する先行研究のうち、*Compare* に掲載された論文は特にしっかりと検討し、何がどこまで言われていて何が欠けているのかを明らかにした上で、その中に自分の研究を位置付けるよう留意しました。この作業は、実際の投稿時に提出することになるカバーレターの中で、「なぜこの雑誌に私の論文を載せるべきなのか」を論じる上でも非常に役立ちました。

　幸運なことに、論文の執筆がほぼ終わった段階で、先述した *Compare* のワークショップに参加する機会を得ました。ワークショップでは、*Compare* が求める論文の特徴、投稿する際の注意点、読みやすい要旨（abstract）の書き方、査読コメントへの対応方法などについて講義で学びつつ、他の参加者と原稿を読み合いコメントし合うワークを通して、自分の原稿を客観的に読み直して修正しました。ワークショップで特に強調されたのが、「何と何をどう比

較しているのか」という点で、論文中はもちろん、タイトルや要旨でも比較研究であることを明示しなさいということでした。ワークショップ後も、研究者2名がメンターとして付いてくれ、複数回コメントのやり取りをしたので、心折れずに投稿まで漕ぎ着けることができました。またワークショップの参加者と進捗を報告し合い、励まし合えたことも精神的な支えになりました。

　論文執筆のプロセスでは、孤独にならないということが重要だと思います。私の場合はワークショップに参加したことで投稿準備中に孤独にならずに済みましたが、色々な人にコメントをもらい（もちろん相手の論文にもコメントをして）、第三者の目で論文を推敲する機会をできるだけ多く得るようにするとよいのではないでしょうか。院生同士でライティング・グループを作り、定期的に原稿を持ち寄って議論する機会を設けることも一案かもしれません。金銭的に難しい場合もあると思いますが、プロの英語校正を受けることもおすすめです。私は英語で執筆する場合、院生時代からお世話になっているエディターにお願いして、必ず一度はネイティブチェックを受けるようにしています。特に院生の皆さんは、数百ドルでも節約したい気持ちがあるとは思うのですが、この段階で、自分が本当に言いたいことをできるだけ端的にわかりやすく伝えることができているかを第三者に判断してもらい、できればより洗練された英語に直す手伝いをしてもらうと、投稿時の安心感がずいぶん違います。最近はインドなどの安い校正会社もあるようですので、ぜひ活用してください。

3) カバーレターでも主張しよう

　原稿を用意した後は、投稿に向けてその他の必要書類を準備します。必要書類の主なものにはカバーレターがあります。カバーレターは編集委員長に宛てて、簡単な自己紹介、論文の要点、研究の独自性、ジャーナルに対する貢献などを1枚程度で記載します。投稿時に査読者の候補を挙げることができるジャーナルもあるようです。

　Compare や *Comparative Education Review* を含めて、国際的な学術誌のほとんどが独自のオンライン投稿・査読システムを導入しており、特集号でなければ 24 時間、365 日投稿を受付けています。無事に投稿が完了すると査読番号が付与され、確認メールが送付されます。査読の進捗や結果はオンライン投稿・査読システム上で確認することができます。投稿から査読結果が送付されるまでにかかる時間はジャーナルによって様々ですが、私自身のケースでは、*Compare* に投稿したのが 2017 年 1 月 3 日、査読結果が出たのが 2 月 17 日で、8 月 16 日までの修正期間が与えられました。これは他のジャーナルと比べてもかなりスムーズな査読と言えると思います。なかには半年経っても査読ステータスが「査読中」から変わらないというケースもありますが、そのような場合はジャーナルに直接問い合わせてみるのがよいでしょう。夏休みやクリスマス休暇を挟む場合、査読にかかる期間が長くなる傾向があります。

　一般的な国際誌の査読結果は、「採択」「マイナー修正」「メジャー修正」「不採択」の 4 種類があります。一発で「採択」となることはほとんどないと思いますので、「マイナー修正」「メジャー修正」がもらえたら喜んでよいでしょう。たとえ「不採択」でも、できるだけ時間を置かずに第二希望のジャーナルへの投稿に向けた修正に取り掛かりましょう。

4) 査読コメントは「アカデミックな対話」の始まり

　さて、私が *Compare* に投稿した論文は「マイナー修正」という結果で、二名の査読者からたくさんのコメントをもらいました。ワードファイル 5 ページ分位あり、膨大なコメントに途方に暮れる気持ちと、それほど真剣に細かいところまで自分の論文を読んでもらえたという喜びや恥ずかしさとが混ざり、とても複雑でした。最初はショックの方が大きく、冷静にコメントに向き合うことができなかったので、少し寝かせて気持ちを落ち着かせてから修正に取り掛かりました。

　査読者によってコメントの量や厳しさにはばらつきがあります。特に厳しいコメントや的を射ていないように思えるコメントには腹が立ったり、

I believe that the article will be quoted and cited in the future by researchers working on policy reforms in the education sector in Cambodia as well as looking for case studies for papers and articles that investigate the political nature of policy making in low-income countries.

The abstract could emphasize more the complexity of policy making theme as well as mentioning that the article is an attempt to analyze policy making process and the various formal and informal factors that determine the nature of a new policy.
The title could also emphasis the complexity of policymaking and refer more explicitly to ETL policy

Thank you very much for your positive comments and feedbacks. Your comments convinced me about the possible contributions of this paper, and guided me through the revision process. Most importantly, I changed the term "contradictory" to "tensions" so that I could avoid "either-or" arguments. I agree that any policy has both transformation and transmission aspects, but in the case of ETL the tensions are arising so apparently.
With regards to the abstract and title, I made changes accordingly.

Suggested edits and specific comments:

p 1 line 19 in this paper -> in this article

I made change accordingly throughout the manuscript.

p 1 line 25 donors have introduced various approaches, as the Royal Government of

資料Ⅰ-3-1　査読コメントへの反応（抜粋）

ショックを受けたりすることもありますが、個人的に受け取らず、真摯にか
つ論理的に反応することが求められます。査読者間でコメントが対立してい
る場合も同様です。また、査読コメントは評価ではなく意見ですので、言わ
れた通りに修正するだけでなく、「アカデミックな対話の場」と捉えて対応
するとよいと思います。具体的には、コメントに対する反応―どのような修
正を加えたかだけでなく、「あなたの見解とは異なるが、研究で得られたデー
タから私はこう考えるので、この表現は変えません」というような反論も含
む―を整理した文書を作成し提出します。**資料Ⅰ-3-1**は、実際の査読コメ
ントとそれに対する私の反応（下線部）で、**資料Ⅰ-3-2**が修正記録付きの修
正稿です。ご覧の通り、修正稿は修正箇所だらけですし、査読コメントへの
反応は最終的には12ページにも及びました。この修正期間中に海外への引
越しや転職など生活が大きく変化したこともあり、結局修正稿を提出できた
のは5月24日で、私の場合は修正に3ヶ月以上を要しました。また、念の
ため修正稿も簡易的なネイティブチェックを受けました。

```
 9    1. Introduction
10        Educational policymaking is a very complex practice. This complexity is because
11    policymaking is a practice in which all those involved in the policy negotiate their own distinct
12    ideals, perspectives, interests, and motives toward intended educational changes (Sutton and
13    Levinson 2001). When the policy is developed in an attempt intended to bring about radical
14    substantial changes, different perspectives and motives held by policy actors become apparent
15    such as in the case of Cambodian student-centered educational policy, the situation gets more
16    complex andand even contradictorytensions arise. It is because education policy is a practice of
17    construction of meaning in the sense that all those involved negotiate their distinct ideals,
18    perspectives, interests, and motives mediated by a written policy (Sutton and Levinson 2001).
19    Especially Iin the context of low-income countries especially, this policymaking practice
20    becomes evenis more complex, as we need to consider the important roles played by donors
21    international policy actors iin both shaping and deimplementing a policy, such as those in donor
22    agencies. This appliesThese conditions apply to the case of Cambodian pedagogical reform
23    policy, which is the focus of this study. Drawing on a sociocultural perspective, in this paper, I
24    try to make better sense of how a policy is practised, or constructed through the negotiation of
25    multiple meanings, particularly focusing on the comparison of meanings brought by national and
26    international policy makers.
```

資料 I -3-2　修正記録付き修正稿（抜粋）

5) 採択決定後もやり取りは続く

　修正稿は査読者に戻され、再度査読を受けます。私の場合には、最終的な「採択」の結果と査読者からのコメントを受け取ったのが 2017 年 6 月 29 日で、最初に投稿してからちょうど半年で採択が決定したことになります。この後、引用・参考文献の確認などを中心とした出版社との校正のやり取りを経て、著作権に関する書類にサインをしたりして、8 月半ばにまずはオンラインで論文が公開されました。国際誌の多くが、誌面掲載を待たずにオンラインで論文を公開することで、全世界に迅速に研究成果を公表しています（オンライン・ファーストと言います）。その後、誌面に掲載されたのは 2018 年 8 月とさらに 1 年を要しましたが、実際の誌面に自分の名前が載っているのを見たときはやはり嬉しく、すぐに写真を撮って家族に送りました。

4.　「不採択」との付き合い方

　論文がたった一本国際誌に掲載されただけの立場で偉そうに書いてきて、お恥ずかしい限りなのですが、最初に述べた通り私はこれまで「不採択」の

方を多く受け取ってきました。こちらの方が語れることは多いように思いますので、最後に「不採択」との付き合い方について述べたいと思います。

　論文の「不採択メール」や就職活動のいわゆる「お祈りの手紙」を受け取ったとき、いつも思い出す言葉があります。それは「rejection letter と友だちになるくらいでなければ研究者にはなれない」という友人の言葉です。「不採択は負けではない、引き分けだ」と励ましてくださった先生もいます。「不採択」という結果は、自分の研究を発信して誰かに読んでもらわなければ得られない大切な研究の歩みです。「不採択」メールにある査読コメントは、論文を真剣に読んでくれた査読者からのアドバイスが詰まっており、次につながるステップにこそなれ、研究や自分自身の価値を否定するものではないのです。とは言え、不採択メールが届くたび、ふて寝や大掃除で現実逃避している自分もいるのですが…。少し落ち込んだら、気持ちを切り替えてできるだけ早く査読コメントと向き合い、次なるジャーナルに投稿するべく修正作業に入ることをお勧めします。経験上、時間が経てば経つほどマイナスのイメージが強くなり、もらったコメントも生かせないまませっかく書いた論文をお蔵入りさせてしまうことになるためです。投稿先を変えて再挑戦する場合、次なるジャーナルの求める論文像に合致するよう見せ方を変えたり、査読コメントを生かして内容をブラッシュアップしたりする一手間も欠かせません。「不採択は引き分け」と励ましてくださった先生は、「出るまで出す（投稿する）」とも仰っていました。たくさんの業績を残している先生方も、（おそらく）その分「不採択メール」も受け取ってきたのだと思うと、少し気持ちが楽になりませんか？

5. おわりに

　本章では、私の個人的な経験に基づいて、比較教育研究の成果を国際誌に投稿する意味や具体的なプロセスについて述べてきました。私は研究者としての醍醐味は人との対話にあると考えているのですが、特に国際誌への投稿

における執筆、査読、修正のすべての段階がアカデミックな対話のプロセスだと感じます。国際誌の場合、学会大会中に編集者と直接対話できる企画なども用意されています。さらに、査読とは、「この分野の研究とはこういうもの」という学問分野の境界線を作っていく作業でもありますので、執筆者として論文を投稿して査読を受けるということ自体が学問分野に対するアカデミックな貢献でもあると思います。苦しみも多いですがその分発見や成長もあるので、ぜひ皆さんもアカデミックな対話のプロセスに飛び込んでみてください。

注

1 なお、国際交流委員会の支援は比較教育学会員を対象に行われており、その内容は年によって異なります。2015年に私が支援を受けた際は、マニラで開催されたアジア比較教育学会 (CESA) のプレ・ワークショップとして *Compare* の執筆者ワークショップが行われるということで、その参加費と渡航費の一部を支援していただきました。

第4章　博士論文を書籍化する

佐藤　仁(福岡大学)

1. はじめに

「博士の学位はゴールではない、スタートラインだ。」私が博士号を取得した時、ある先生からもらったメッセージです。そのスタートをきって、研究者として走り始めた時、最初に出くわすハードルの一つが、博士論文の書籍化(厳密には、博士論文を基盤とした内容を書籍にすること)だと思います。とは言え、私自身、博士号取得当初は、その現実的イメージや出版に向けて動くという実感はほとんどありませんでした。ただ、大学に勤める研究者として活動していく中で、どこか喉の奥に小骨が刺さったような感覚を持っていました。博士号を有する研究者として、博士論文をきちんと書籍化し、自分の研究成果を世に問うべきではないか。その思いが強くなり、気が付いたら出版に向けて走り始めていました。

本章では、博士論文の書籍化の道筋を私自身の経験を踏まえながら、紹介していきたいと思います。私は、博士号(広島大学)を 2006 年 3 月に取得しましたが、博士論文を基盤にした書籍(『現代米国における教員養成評価制度の研究』多賀出版)の出版は 2012 年 12 月です。詳しくは後述しますが、書籍化までに長い時間を要したという意味では、一般的な経験ではないと思います。あくまでも、一人の研究者のケースということで、読んでもらえればと思います。

2.　博士論文の書籍化に向けた第一歩

　博士論文を書籍にするかどうかの判断は、もちろん自分自身にあります。しかし、いつ頃、そしてどのように動くのかといった点については、博士論文の指導をしていただいた指導教員に相談することが必要です。

　そもそも学位規則に基づけば、日本の大学院で博士号を取得した者には博士論文の公表が義務づけられています。2013年以降は、その公表を「印刷公表」ではなく、インターネットを利用して行うことが規定されています。一方で、「やむを得ない事由の場合」は、博士論文の全文ではなく、内容を要約した要旨等で公表を代替できます。この「やむを得ない事由」の一つに該当するのが、書籍化です。これらの手続きは、博士号を取得した大学において行うことから、必然的に指導教員との綿密な相談が必要となるわけです。

　博士論文を書籍化すると決めた場合、いつ出版するのかというタイミングを考えることも重要です。そこには、就職や出版助成の獲得等、様々な事情があると考えられます。博士論文の内容という観点からすると、解明した学術的知見や情報をなるべく早く示すという点もあるでしょう。比較教育学研究の多くは、現代的なテーマを扱い、そして現在進行形のフィールドで得られた知見を解明しています。その意味では、なるべく早くに出版することが、研究の「新鮮さ」という意味では重要かもしれません。

　しかし、博士論文をそのまま書籍にするわけにはいきません。当然ですが、博士号を取得するために提出した学位請求論文と、多くの人に読んでもらう書籍(学術書)とでは、性質が大きく異なります。一冊の読み物としてのストーリー性や明瞭さという書籍の特徴が、博士論文に求められているかと言えば、必ずしもそうではないでしょう。その意味において、博士号取得から短期間で書籍化するには、博士論文そのものの内容が大きく影響することになります。こうしたある種の戦略は、安易に自分だけで考えるのではなく、先ほどと同様に、指導教員との相談を通して考えていくことが求められます。

　さて、私のケースでは、博士号取得から書籍化まで、約7年間空いていま

す。そもそも、指導教員とも話し、最初からすぐに書籍化するという計画は立てていませんでした。その理由は、博士論文の研究上の位置づけにあります。米国における教員養成機関のアクレディテーション（適格認定）をテーマにした私の博士論文は、アクレディテーション団体の二元化という状況の背景や経緯、そしてその意味を明らかにしました。わが国において、教員養成の質保証が議論され始めてはいたものの、アクレディテーションそのものはまだまだ目新しいトピックでした。また、米国の教員養成をめぐる状況が変化を見せ始めていたのも事実であり、博士論文は一旦の区切りの中で学術的な成果を出したものでした。一言でいえば、博士論文の書籍化については「タイミングが今ではない」ことが大きな要因でした。

　では、いつが「最善のタイミング」なのか。冒頭に述べたような研究者としての焦る思いがある中で、2010年頃から様々な環境が変化しました。まずは、研究対象であった米国の教員養成機関のアクレディテーションの変化です。アクレディテーション団体の二元化が終焉を迎え、再一元化の方向性が示されました。これにより、博士論文で解明したアクレディテーション団体の二元化の意味について、教員養成という領域全体の展開の中で明確に位置づけられるようになりました。次に、2010年4月より、教員養成機関の評価システムの開発を目指した東京学芸大学の「教員養成教育の評価等に関する調査研究」に参画したことです。日本の教員養成研究を牽引する先生方との研究交流によって、自身の研究の実践的意義を改めて認識することができました。さらに、同年4月から現在の職場（福岡大学人文学部教育・臨床心理学科）に赴任したことも、大きな変化でした。それまでは、助手（広島大学）や助教（九州大学）のポジションだったこともあり、専任として講義を担当したことはありませんでした。初めての専任教員のポジションで、教育活動と研究活動の両立の大変さを身をもって感じていました。その中で次の研究に踏み出すためにも、博士論文の区切りをつけたいという思いが強くなりました。こうした様々な条件が重なって、2012年の出版を「最善のタイミング」と考え、動き出したのです。

3. 博士論文の加筆修正から出版費用の獲得まで

　博士論文の書籍化に向けて動き出す決心をしたら、何から始めればいいでしょうか。私の場合は、職場の先輩教員からのアドバイスで、科学研究費補助金の研究成果公開促進費獲得をターゲットに据えました。若手研究者にとっては、自費出版をする金銭的余裕はないでしょうし、出版社との強いつながりを有しているわけでもないと思います。そのため、科研費等の制度を利用することで、そうした課題がクリアーされるだけでなく、書籍化へのプロセスやスケジュールも明確に示されることになります。以下、私の経験を含め、研究成果公開促進費 (学術図書) をもとに話を進めていきましょう。研究成果公開促進費の採択率は約 41%(2019 年度) であり、科研費としては比較的獲得しやすい最も一般的な出版助成だと思います。

　研究成果公開促進費への応募に際して、書籍化に向けたスケジュールを考える上で重要な点が二つあります。一つは、完成原稿を提出するということです。完成原稿は、「応募後に校正の範疇を超えて修正することができない」ことになっています。そのため、応募の時点で博士論文の加筆修正をある程度終わらせておくことが必要になります。先に述べたように、博士論文と書籍の違いを踏まえるならば、例えば「まえがき」や「あとがき」の追加、詳細な説明が必要な語句や情報を「コラム」として挿入すること等、大幅な加筆も必要になるわけです。

　もう一つは、出版社が作成した見積書の提出です。これは、応募時点で書籍化する出版社の選定が求められていることを意味しています。どの出版社から書籍化するのかということは、とても重要な選択になります[1]。これまでに出版社とつながりがある人は、それを頼りにすることができますし、指導教員や他の研究仲間から紹介してもらうこともあるでしょう。もちろん、自分で気になっている出版社に直接アクセスすることも考えられます。私の場合は、上述した先輩教員から出版社を紹介してもらいました。その出版社

は以前から比較教育学や教育行政学に関する著名な書籍を出しているという点で、「博士論文を書籍化するならこの出版社が良いな」と思っていた出版社でした。

　いろいろなルートを経るにせよ、出版社の決定はこちらの希望だけで成立するわけではありません。当然ながら出版社側も、書籍の内容を踏まえて、出版に向けた協力を検討することになります。つまり、応募書類として出版社に見積書をお願いする以前に、応募への協力をまずはお願いすることになります。このプロセスを飛ばして、見積書だけを出版社にお願いするというのは、出版社に対して大変失礼な行為に当たります。そして、その時に必要なのが上述した完成原稿であり、その内容によって出版社側が判断することになるわけです。そうなると、応募期間より前には、博士論文の加筆修正の目途を立てておく必要があります。

　応募に際しては、他の種目と同様に計画調書を作成します。基本的な書き方や気をつける点は、一般的な調書作成と変わらないと思います。ただし、「当該年度に刊行する意義及び学術的価値」に関する記述については、研究成果公開促進費の応募に特有の記述項目です。ここでは、なぜその年度に刊行する必要があるのか、この年度に刊行することにはどのような意味があるのかを説明する必要があります。つまり、「最善のタイミング」であることを多角的に説明するわけです。

　このように、研究成果公開促進費への応募をターゲットとすることで、何をいつまでにやればいいのか、ということが明確になります。私の場合、2011年秋の応募を目指し、2011年2月くらいから、博士論文の加筆修正に取りかかりました。博士号取得後も、博士論文にかかるテーマでの学術論文を学会誌等（『比較教育学研究』や『大学評価・学位研究』等）に執筆していたことから、それをいかに博士論文に肉付けしていくか、ということが課題となりました。同時に、書籍としての読み手（私の場合、必ずしも米国の教育に詳しくない教員養成関係者）を想定し、必要となる情報の取捨選択、全体のストーリー性、そして日本への示唆といった点を検討しました。博士論文の加筆修正の

目途が立った頃に、先輩教員から紹介していただいた出版社に 9 月初旬に初めてメールでコンタクトをとりました。それから、応募用の完成原稿を出版社に送付し、内容を確認してもらった上で、応募に向けて協力いただけることになりました。実際の応募の書類作りに際しては、見積書や発行部数積算書といった書類作成に関して、メールのやり取りを交わして、進めていきました。その結果、2012 年 4 月に無事に「採択」の連絡がありました。研究成果公開促進費の規定では、採択された年度の 2 月末日までに出版することが求められます。これにより、最終ゴールが設定され、さらに具体的に書籍化に向けた動きを進めていくことになったわけです。

4. 校正作業と出版の「その後」

　出版に向けての具体的な道筋が決まれば、後は原稿をしっかり作り上げていくことになります。出版社と脱稿（最終的な原稿を出版社に提出すること）の時期を決め、その後の校正作業および出版日の調整をしていきます。私の場合は、脱稿を 2012 年 7 月中旬に設定し、出版日を 2013 年 1 月あたりに設定しました。私自身、これまでに書籍を出す作業に関わったことがほとんどなかったため、初めての経験が多く、出版社の方に助けていただきながら進めていきました。

　脱稿前にやるべきことは、事前に出版社と相談します。語句の統一や新しい情報の追加等、校正作業においては煩雑な作業となるようなこと（つまりパソコン上で操作した方が効率的であること）を脱稿の時点で整理しておく必要があります。博士論文自体については、語句の統一をした上で誤字脱字等の内容を綿密にチェックしたものになっていると思います。しかし、博士論文の加筆修正において加えられた内容を中心に、語句の使い方や表記の仕方（例えば、略語の表記や原文を示す時の表記等）を確認する必要があります。また、新たな情報を追加している場合は、博士論文の情報を修正することも必要です。これらはもちろん科研費応募時の完成原稿作成において行うものですが、

それでもやはり修正が必要な箇所が出てくると思います。

　脱稿後は、出版社がゲラ (実際の書籍の体裁に原稿を落とし込んだもの) を作成します。そして、ゲラの校正作業が始まります。校正の回数や方法等は、出版社とのやり取りで決めていきます。私の場合は、3 回の校正 (加えて最終確認としての念校)、そしてすべてのゲラを郵送でやり取りすることになりました。校正作業中は、集中する時間と場所の確保が大変でした。大学の研究室は、例え講義がない時間であっても、事務作業依頼があったり、学生が突然研究室にやってきたりと、校正作業に集中するには適切な場所ではありませんでした。そこで、研究室外の場所 (大学の図書館や近隣のカフェ) を確保し、時間を見つけては通いました。常にゲラと赤ペンを入れたカバンを携帯し、出張時の飛行機や電車の中でも作業を進めていました。初校 (最初の校正) の段階では、私の脱稿時の原稿チェックが甘く、出版社の方を困らせるぐらい修正が多かったですが、以降は何とかスムーズに校正を進めることができました。そのため、出版予定日を早める形で校了 (校正をすべて終了し、印刷に回せるようになること) しました。

　こうした校正作業と並行して、索引の作成、カバーデザインの依頼等も行います。索引については、私の場合、再校 (初校を修正した次の校正) が終わった段階で索引として挙げたい単語をリスト化するという作業を行いました。カバーデザインについては、3 回目の校正が終わった段階で、出版社から相談がありました。比較教育学研究に関する書籍では、現地で撮ってきた学校や子どもたちの写真、その国や地域を象徴する建物や風景の写真を利用することが多いと思います。私の場合は、教員養成制度の研究ということもあり、学校や子どもたちの写真は利用しないことにしました。その代わり、出版社からは色や全体的な印象のイメージを聞かれたので、「青を基調とした爽やかな感じで」というざっくりとした要望を伝えました。個人的には、このカバーデザインの案 (図 I-4-1) が送られてきた時に、「本になるんだ」という実感が一気に湧いてきたことを覚えています。

　さて、長かった道のりを経て、2012 年 12 月に大学の研究室に完成した本

図 I-4-1　カバーデザイン

が届きました。博士論文の書籍化という作業からすれば、ここで終わりです。
しかし、出版の「その後」としては、まだまだやることがたくさんあります。
まずは、科研費の書類提出です。費用計算書等の書類を出版社に作成してい
ただき、大学に提出します。次に関係者・団体への献本です。献本する書籍
については、自費で一部を買い取ります。そしてそれを指導教員はもちろ
んのこと、日ごろからお世話になっている研究者・同僚等に送ります。ま
た、自分が所属している学会や関係機関にも献本します。特に学会への献本
は、学会紀要等で「書評」として取り上げてくれることにもつながりますので、
とても重要な作業です。

　こうした作業や出版社による広報活動を通じて、広く書籍の存在が知れ
渡った後には、書籍の内容を評価する書評や合評会が待っています。博士論
文の場合は、公聴会が開かれますが、所属する大学内の関係者しか出席しな
いのが一般的でしょう。しかし、書籍となれば状況は異なります。書評の場
合は、書籍の内容に精通している研究者に学会紀要等を通して評価してもら
うことになります。また、研究会や有志の集まり等で合評会が開かれること
もあるでしょう。私自身、書評に取り上げていただいたり、ある研究会で合

評会を開いていただいたりしました。時には厳しい言葉もありましたが、これまでには見えてこなかった課題や今後追究すべき論点が明確になり、とてもありがたい機会となりました。

　なお、出版の「その後」の最後には、第23回日本比較教育学会平塚賞の受賞というサプライズが待っていました。自分には全く縁のないものだと思っていたので、連絡をいただいた時は、驚きしかありませんでした。授賞式では、指導教員はもちろんのこと、職場の先輩教員、研究仲間、出版社の方、そして家族のことを思い浮かべ、涙が出るのを我慢しながらスピーチしたことを今でも覚えています。

5. おわりに

　比較教育学を専攻する若手研究者の多くは、一国・地域のあるテーマに焦点化した博士論文を執筆していると思います。そのため、書籍化するとなれば、多くの読者が理解しやすいような情報や解説の追加が必要不可欠です。それは、比較教育学という領域を超えて、自分自身の研究の学術的・社会的意義を再確認することを同時に求めるものです。博士論文の書籍化の目的は、単なる自分の業績作りでもないし、ましてや研究者としての箔付けでもありません。より開かれた場において、多様で豊かな学問（ここでは比較教育学）を議論する土壌を作ること、そして自分自身の研究者としての可能性と同時に学問領域の可能性を広げること。それが博士論文の書籍化の一番の目的だと考えます。

注

1　応募時には、「複数の出版社」から見積書を徴収した上で、選定した出版社の見積書および発行部数積算書を提出することになります。ただし、応募の協力をお願いする時点から、出版社とのやり取りがあるわけですので、見積書に関わる手続等についても、そうしたやり取りの中で相談していくことになります。

コロナ禍の中で比較教育研究をどう進めるか

北村友人(東京大学)

2020年初春から日本をはじめ世界各地で、新型コロナウイルス(COVID-19)が猛威を奮っています。このコラムを書いている2020年9月の時点でも、いまだに多くの感染者が発生していることが世界中で報告されており、日本からの渡航者や日本人に対して入国制限措置をとっている国・地域は117か国／地域に及んでいます(外務省ホームページ[2020年9月11日])。

この状況は、海外のフィールドへ赴き、現地調査を行うことが主流となっている比較教育研究者たちにとって、非常に厳しいものがあります。とは言え、経験を積み、多くのネットワークを築いてきた研究者であれば、現地の研究仲間と連絡を取り合い、研究を進めることも可能でしょう。実際、私自身、カンボジアをはじめとする東南アジア諸国の共同研究者たちとオンラインでの研究打ち合わせを行いながら、国際共同研究を進めています。

しかしながら、そうしたネットワークをまだ十分に構築していない(あるいは、そもそもネットワークを持っていない)若手研究者たちが、現下の状況において多くの困難に直面していることは、想像に難くありません。そこで、こうしたコロナ禍という危機的な状況の中で、意欲に溢れる若手研究者たちがどうすれば比較教育研究に取り組むことができるのか、私なりに考えたことを紹介させていただきます。

COVID-19の感染拡大を受けて、2020年4月から多くの大学ではオンラインで講義を行うようになりました。私の本務校でも、基本的にすべての講義・演習がオンラインで行われています。そうしたオンラインでの演習(ゼミナール)において、研究を進めるうえでいかなる問題に直面しており、どのような不安を感じているのか、私の指導学生たちに経験を語ってもらいました。また、この数か月の間に、私の身近で積極的に研究活動に取り組んでいる若手の比較教育研究者たちに、現在の研究状況についていろいろな話を聞

くことができました。それらの若手研究者たちの声を集約すると、おおよそ次のような課題に直面しているのではないかと思われます。

第一に、フィールドへのアクセスの問題です。これが、何よりも一番大きな問題であることは、若手に限らず、多くの比較教育研究者にとって共通の悩みでしょう。この問題は、研究者自身が現地に渡航できないというだけでなく、とくに調査対象地が途上国であり、なおかつ農村部などの遠隔地といった場合には、ネット環境が脆弱であり、現地との連絡にも困難を抱えているというケースが多いようです。

第二に、若手研究者たちの場合、現地のカウンターパートも若手の研究者や専門家、学生たちであることも多く、現地の研究協力者たちの研究環境やネット環境が十分に整備されていないため、遠隔で共同研究を進めることが難しいケースも見られます。

第三に、国内外で学会大会が中止もしくはオンライン開催となり、新たな人との出会いが非常に難しくなってしまいました。これは、研究者としての可能性を広げるチャンスを逃すことにもなりかねません。とくに、海外の学会大会に参加することは、なかなか国内ではアクセスできない国際的な学術コミュニティの一員になる大きなチャンスです。例えば、そうした場での出会いが、国際的な共同研究の機会や国際的な出版企画への参加などにつながることも、決して珍しくありません。

第四に、精神的に不安定な状態に陥っている若手研究者たちがいることです。研究成果を積極的に積み重ねていくことが求められている時期に、とくに海外での現地調査を必須とする研究テーマを扱っている場合、研究のペースが極端に落ちてしまいます。こうした状況のなかで、論文等を執筆することに困難を抱え、精神的に追い詰められてしまう若手研究者たちが一定数いるのではないかと危惧しています。

第五に、留学生たちの場合、仮に現地へ行くことができたとしても、日本への再入国が許可されるのかどうか、不安を抱えているケースが見られました。この問題は、2020年10月1日に入国制限措置が緩和され、中長期の在留資格を持つ外国人の日本への入国が認められるようになったことで、一定の進展を見ることができました。とは言え、(国によりますが)渡航先でも、

日本への再入国後にも、それぞれ 14 日間の待機が求められなど、不便を強いられる状況は継続するため、気軽に海外調査へ行くというわけにはいかないと思います。

　こうした厳しい状況に置かれている若手研究者たちですが、その苦労を十分に理解したうえで、いかにこうした状況のなかで研究を進めていくことが可能であるか、筆者なりの考えを述べてみたいと思います。

　第一に、オンラインでのやり取りが広まるなかで、かえってこれまでアクセスしにくかったような人たちともつながることができるようになり、情報収集や意見交換がしやすくなった面もあります。わざわざ出張しないと会えなかったような人とオンラインで会えることは、限られた研究費のなかで研究に取り組む若手研究者にとっては、メリットであると言えるでしょう。ただし、そうした人とコンタクトするうえで、若手研究者だけでは限界があるため、指導教員をはじめ、同じ国を研究するベテラン・中堅の比較教育研究者たちを通して、適切な人を紹介してもらうことが必要になる場合もあると思います。そこで、既にネットワークを構築している研究者たちのサポートを受けながら、そうしたネットワークを通して新たな研究協力者や共同研究者たちと出会えるよう、積極的に先輩研究者たちにコンタクトしてほしいと思います。

　第二に、海外への渡航が難しい時期だからこそ、国内でやれることを積極的に見つけて、取り組んでいく姿勢が重要だと思います。例えば、自らの研究テーマに関する先行研究のレビューは、この時期に取り組むべき最も重要な作業の一つです。また、研究対象とする社会で用いられている言語の習得に、いままで以上の時間と労力を割くこともできるでしょう。もちろん、様々な制約はあると思いますが、コロナ禍の状況のなかで、国内外の多くの語学学校がオンライン授業を充実させています。そのような機会も含めて、工夫しながら、言語の習得という比較教育研究者にとっての「武器」を磨くことが欠かせません。

　第三に、現地調査ができない時期だからこそ、これまでに入手できた資料やデータの整理を行い、それを論文等としてまとめ、研究成果を積極的に発信していくことが大切です。基本的に、多くの学術誌は、コロナ禍

の影響をあまり受けることなく、研究成果を発信する場として機能してい
ます。とくにオンライン化が進んでいる国際学術誌の多くは、近年、多様
な国の研究者たちが論文を発表しています。また、学会の年次大会なども、
オンラインで開催されるケースがしばしば見られます。研究費の確保に苦
労する若手研究者にとっては、海外渡航することなく国際学会に参加でき
ることは、確実にメリットとなっているでしょう。（もちろん、先述のように、
学会大会の重要な機能の一つである、新たな人との出会いという面では、デメリット
が非常に大きいことは言うまでもありません。）

　第四に、情報やデータの収集において、ウェブ上には多様なチャンネル
が構築されているため、それらを上手に活用することが重要です。例えば、
国連教育文化科学機関（ユネスコ）や経済協力開発機構（OECD）などの国際機
関や、国内外の大学がホームページで公開している様々なデータベースを、
この機会に一つずつ覗いてみることをお勧めします。ユネスコ統計研究所
（UIS）のホームページからは、教育統計に関する膨大なデータを収容したデー
タベースにアクセスすることができます。同じく、ユネスコの研究所（例え
ばユネスコ国際教育計画研究所（IIEP）など）のホームページにも、様々な情報
やデータが掲載されています。同様に、OECDの教育局ホームページにあ
るPISAをはじめとした多様な調査の結果や、途上国の教育を研究している
場合にはOECDの開発援助委員会（DAC）のデータベースなども、ぜひ確認
してください。

　加えて、国際的なシンポジウムやワークショップが、ウェビナーといっ
た形態を通して数多く開催されています。これらのウェビナー等に参加す
ることで、研究上のヒントを得たり、新たな人と出会ったりといったこと
が可能になるでしょう。

　ここで述べたことの他にも、様々な工夫をすることで、この厳しい局面
を乗り越え、多くの若手研究者たちが実り多い研究活動に励まれることを
心から願っています。そのためにも、研究を進めるにあたって、柔軟な思
考と態度でもって取り組むことが欠かせないことを強調しておきたいと思
います。

　今回は、COVID-19という感染症による海外渡航制限などが起こりました

が、自然災害や経済危機、国際情勢の不安定化など、様々な要因で海外渡航が難しい場面というのは、今後も起こり得る可能性があります。そうした比較教育研究者にとって非常に困難な局面が生じた際にも、私たちはできる限りのことをしていかなければなりません。もちろん、比較教育研究の最大（と言ってもよいと私は思っていますが）の醍醐味は、海外の国や地域を実際に訪れ、多様な背景をもつ人々と出会い、異なる価値観や考え方を知り、その国や地域に独自の文化や生活様式にどっぷり浸かりながら、そこで営まれている教育についての理解を深めていくことにあります。したがって、どれだけ技術が発達し、オンラインで様々なことができるようになっても、私たち比較教育研究者たちは、自らが魅了された土地を訪れることをやめることはしないはずです。

　ただ、それがどうしても難しいときには、様々な工夫を重ねて、研究を止めることなく、知的探究を続けていくべきです。それによって、平時には見ることのできないその国や地域における教育の姿を、きっと見ることができるはずです。そして、そのような姿を理解するとき、やはり平時には見ることのできない、研究対象として見つめている国や地域に生きる人々のよりリアルな姿も見えてくるのではないでしょうか。そうした経験こそが、比較教育研究の魅力であり、比較教育学の知見を豊かなものにしていくことになると、私は信じています。

第Ⅱ部

大学院時代をどう乗り切り、初職を得るか（院・ポスドク）

第5章　大学院時代から初職を得るまでのサバイバル

佐藤裕紀
（新潟医療福祉大学）

1. はじめに

　第5章では、大学院生が直面する困難を乗り越え、大学教員としての初職をいかに得るかについてお伝えします。

　私は修士課程の修了後、民間企業に就職する予定でした。しかし社会情勢や様々な事情からその話が立ち消えになってしまいました。その後、無職で不規則且つ自堕落な日々を経て、2010年に27歳で博士課程に進学しました。

　進学後は、デンマークの生涯学習制度やノンフォーマルな教育実践を主要な研究テーマとしながら、生涯学習を通じた社会的包摂の在り方や、困難を抱えた人々が社会参画し、自分が望む環境を構築するための学習支援の在り方を探究してきました。

　そして2014年4月から、新潟県にある私立大学に勤務しています。教職課程科目の授業や実習の指導、そして教員採用試験対策を日々行っています。博士号を取得する前に就職をして、現在もその執筆に悪戦苦闘している身でもあります。

　本章では、まず、私も経験し、多くの比較教育学を学ぶ大学院生が直面するであろう、「お金」、「情報」、「語学力」、「展望」、「論文執筆」といった困難への工夫や対応策を書きました。次に、研究職のポストを獲得するための戦略、というと大それていますが、心構えや工夫、力を入れたことについて書きました。共感してもらえる点が一つでもあれば嬉しいです。

2. 「ない」ことだらけへの対応

1) お金がない

　まずはお金についてです。多くの大学院生と同じように、私もお金に悩みました。一人っ子でしたが、大学院まで行っていたので、2人分くらいは結果的に学費もかかっていましたし、修士課程時代に借りた奨学金もありました。実家に住んでいましたが、両親としては「この子はどうなるのだろうか？」と不安だったと思います。

　お金の悩みを解決するには、「得る」か「借りる」か、しかありません。投資など資産運用をしている方は別として、労働でお金を得る必要がありますが、あまりそこに時間を費やしてしまうと研究する時間も体力も失ってしまいます。そこに悩む大学院生は多いと思います。

　まず、日本学術振興会特別研究員（DC1、DC2）に応募することをお勧めします。これは、博士課程在学者で、優れた研究能力を有し、大学で研究に専念することを希望する方を「特別研究員」として採用し、2〜3年間、研究奨励金を支給してもらえる制度です。これに採用されれば、研究に専念することができます（第1章参照）。また、特別研究員に採用されていると、他者から見て少し"箔"がつくように見える側面もあります。

　ちなみに私の場合、DC1は当初博士課程に進学予定がなかったため応募せず、DC2は見事に不採用でした。

　他にも、助成財団センター発行の『研究者のための助成金応募ガイド』等を参照して、応募できそうな研究助成金に応募する手立てもあります。

　借りる必要がある場合には、日本学生支援機構から奨学金を借りるという方法があります。私はこの方法をとりました。

　また、「特に優れた業績による返還免除」についても説明します。これは、大学院で第一種奨学金の貸与を受けた学生で、貸与期間中に特に優れた業績を挙げた者として日本学生支援機構が認定した人を対象に、その奨学金の全

額または半額を返還免除する制度です。業績の種類や評価基準はウェブサイトなどで確認してみてください。

　私は特別研究員に落ちてしまったので、奨学金を借り、3年間で芽が出なければあきらめてどこかで働く、という条件で実家に住みました。そして「特に優れた業績による返還免除」に認定されることも目標にしながら、時間に融通の利く家庭教師と、研究領域に近い市民団体や市民活動センターで、専門性を高められるアルバイトをしました。返還免除の申請では、大学院時代の研究業績と共に社会活動などあらゆる業績を提出するので、研究を含め、できれば研究に関連した社会活動などで「私はこれを頑張ってきました」と言えるものを作れたらいいなと思い活動もしてきました。最終的に奨学金の返済について「全額免除」の採択通知をいただいた際は、大学院生時の取組が評価されたように感じて、とても嬉しかったです。

2) 情報がない

　研究を進めるためには、比較教育学に関係する研究方法や、対象国に関する知識、情報をいかに得ていくのかも大切です。所属する大学院の研究室は、そのための最有力な場だと思います。

　私も比較教育学を専門とする指導教員の下で、様々な指導を受けることができました。また所属したゼミでは、正規のゼミの授業後に、指導教員と所属する大学院生が晩御飯や飲み会に行くことが恒例となっていました。そのようなインフォーマルな場で、指導教員や先輩からの助言や経験談を聞けたことや、悩みを相談できたことも支えとなりました。

　一方で、比較教育学という性質上、大学院生の対象国やテーマが多岐に渡るため、指導教員もすべての大学院生の志望する対象国や研究領域について網羅することは困難です。私の場合、ユニークな教育制度とその背景に惹かれ、北欧のデンマークという小国を研究対象として選びました。研究領域も生涯学習や社会教育分野であり、国の面でも領域の面でも少数派でした。

　また、私の所属した大学院には、大学院生が集まれる合同の研究室のよう

な部屋がありませんでした。パソコンルームはありましたが会話禁止のため、授業以外の時間に他の大学院生と交流し協力しあう関係を築くことの難しさに直面しました。

　そのため、研究室や大学院以外にも相談や情報交換する場の確保が必要でした。その点で、関連分野の研究者や大学院生が集まる研究会や勉強会への参加が有意義でした。そこで得られる他研究者からの指導や助言、知識や情報、他研究者の研究方法、関心、人的ネットワークがどれほどの助けになったか、挙げればきりがありません。

　比較教育学には少なくとも2つのネットワークがあるように思います。一つは対象とする国や地域に関するネットワーク、もう一つは、テーマやトピックに関するネットワークです。例えば、私は知人の先生の紹介で、北欧の教育に関心のある研究者や大学院生を中心に年に数回研究発表や情報交換、共同研究などを行う「北欧教育研究会」に定期的に参加していました。また生涯学習や社会教育についての知識は、所属している日本生涯教育学会の若手による定期的な自主勉強会で勉強していました。なお私は博士課程から生涯学習や社会教育の勉強を始めました。そのため基礎的な知識の不足を痛感し、ある大学の先生にお願いをして、大学生や大学院生向けの講義に聴講生として参加させてもらいました。わからないときは、基礎的な段階から学ぶ勇気も必要で、その学習のためにお願いできることは、恥ずかしがらずにした方がよいと思います。

　研究会では、他の研究者や大学院生の方々の知識量や研究能力、語学力などに圧倒され、引け目やコンプレックスを抱えることもあるかもしれません。私はそうでした。北欧教育研究会では、発表の後に皆で議論や雑談があり、その際に「ところで、このテーマについて、デンマークではどんな議論があるのか？」と聞かれることがよくありました。最初の頃は、全く答えることができない自分を不甲斐なく思い、参加することを躊躇した時もありました。

　しかし、自分の研究対象国について、関心ある教育分野だけでなく、その国の教育の専門家としての役割も求められる点に早期の段階で気づくことが

でき、知識を幅広くつける機会となりました。

　また「君の発表からはデンマークの風景や匂い（社会背景など）が感じられない」という趣旨の指摘を別の研究会でいただいたこともあります。この言葉は、私に長期間の現地滞在の必要性を痛感させ、背中を押してくれました。

　情報や相談相手が少ないこと、それは必ずしもマイナスではありません。誰もが関心を持ち、誰もが扱う分野の場合、競争相手が大勢います。道なき道を行くのは大変ですが、自分がそこに熱中できるものがあるならば、誰も見たことがなく知らないことを拓いていくことを楽しむ覚悟も大事だと思います。

3) 語学力がない

　研究対象国の情報について、非英語圏の場合、現地語と英語では情報量が大幅に異なります。どのように語学力を高めていけばよいのでしょうか。

　教材や問題集を購入して独学で学ぶことや、オンラインによる便利な学習手段も増えていますが、それでも難しい場合には、現地に留学し、語学教室や語学プログラムに参加することが近道だと思います。留学等の長期滞在によって、その国の社会や文化について浸ること、人的ネットワークをつくること、現地だからこそ手に入る資料を収集することもできます。留学や長期滞在するためにはお金が必要ですが、上述したような助成金や、研究対象国が募集している政府奨学金に応募することも有力な方法です。

　私は、まず都内にある語学学校に通いましたが挫折しました。次に、現地にある成人教育機関（フォルケホイスコーレ）が提供するデンマーク語プログラムへ夏季休暇を利用して短期留学しました。そして、2012年から2013年まで1年間デンマーク教育大学に研究員として在籍し、移民対象のデンマーク語学校に約半年通うことで語学力を向上させました。

　留学に際しても、研究会や勉強会で知り合う研究者や大学院生から、様々な助成金や政府奨学金に関する情報を得ることができました。採択された経験のある方からは、申請に向けた具体的な準備内容を聞くことができました。

写真Ⅱ-5-1　大学院生の頃の筆者とデンマークの偉人グルントヴィの銅像

　政府奨学金については、受け入れ先が確保されていること、語学力の証明がなされていること、そして推薦者が重要らしい、という経験者談を聞き、研究会でお世話になっている方に現地の研究者を紹介してもらい、受け入れていただけました。推薦状や語学力の証明もそれまでにお世話になった方にお願いをして快諾していただけました。

　これ以上ない申請書類となり、デンマーク政府長期留学奨学金を受給することができたのは、協力してくださった方々のおかげです。

　滞在中は、語学と共に、連日資料の収集と現地の研究者や教育関係者、他国から来ている研究者や留学生、現地の知人・友人といった人的なネットワークの構築、そして資料内の情報だけしかなかった各教育機関を訪問して、自分の目で実際に見ることで理解を深めました。また文化的・社会的なイベントには極力足を運び、全身で現地に浸ることを心がけました。

4) 展望が描けない

　大学院生は孤独との闘いでもあると思います。別の業界で働いている同世代と比較して苦しむ人もいるかもしれません。彼らが仕事を頑張り出世したり、結婚したりと人生の次の段階に移行している中、自分だけが置いて行かれているような感覚になったこともあります。この悩みにはどのように対処すればいいでしょうか。

　おそらく、大学院生時代に、様々な思想、文学や芸術に触れ、おぼろげながらも、自分の人生で大切にしたいことや拠り所を形成しようと試行錯誤すること、研究者を目指す意味を探究することが、その後の土壌となると思います。

　また一人で行き詰った場合には、研究に関連した実践の場に行くことも効果的です。実践の現場には、多くの問いや研究課題があります。また自分の研究の動機を再確認させてくれます。

　関連して、自分が評価を恐れずに心地よくいられる場、素直に悩みや弱音を吐露できるような場や人間関係を一つでもいいので、持っておくことは大切だと思います。親密圏といったりもしますが、自分が一定程度承認され、効力感を得られることで、人は前向きに生きていくことができます。私にとっては、地域で子どもの自由な遊び場を保障する実践に関わっていたことが、自分を支え、成長させるよい機会だったと思っています。

5) 論文が書けない

　ポール・J／シルヴィア『できる研究者の論文生産術』(講談社、2015 年) にも、「研究について書く作業は、快感とは言いがたい。ストレスは溜まるし、混み入っているし、お世辞にも楽しいとは言いがたい」とあり、書く時間を意図的に割り振っておくことの重要性が述べられています。この本を読み、論文を書くことに苦慮しているのは自分一人だけではないのだと少し気が楽になりました。

　また、私のように自堕落気味な気質の人間の場合は、1 年に 2、3 本書く

のを 2 年に 1 本としたところでその質の向上は知れています。そこで、年間に投稿する目標（ノルマ）と学会誌を決めて、そこに向けてとにかく形にする、というやり方をしていくのも、経験値が増えてお勧めです。

　当初から掲載を目指す全国誌に投稿する方法以外にも、まずは査読付きの学内紀要に投稿して掲載されることを第 1 歩に、次に若手に比較的掲載機会を多く与えている学会誌の情報を調べて、そういうところで経験と実績を積み、階段を 1 歩ずつ上がっていく方法もあると思います。

　以上、「お金」、「情報」、「語学力」、「展望」、「論文執筆」といった困難への工夫や対策を書いてみました。次に研究職のポストを獲得するための心構えや工夫、何に力を入れたのかを述べます。

3. 「ある」といい心構え、工夫、戦略

1) 複数の軸がある

　これは、他の研究者や大学教員の方から聞いた話です。非常に優秀な大学院生でも、「私の専門分野は○○なので、○○しかできません、知りません」「○○分野の公募しか関心はありません」という方は、自ら選択肢を狭めてしまっており、苦労する場合があるそうです。

　研究者の在り方自体も、長年一つのテーマを研究室に籠り一人で研究するような研究者像から、多様な研究者や実践者とネットワークを形成して協働する研究者像へと変容してきているとも言われます。

　実際に、様々な研究者や実践者との関わりの中で、色々な機会や依頼を受けることがあります。その中には、主たる研究テーマとは異なる場合や、一見気が進まない地道な作業の場合もあります。それでも、これも機会と捉えて自分の関心を広げ、真摯に向き合って対応していれば、誰かは見ていてくれるものだと思います。

　一見矛盾しますが、あるテーマ、国でもよいので「代替不可能な存在」を目指す、つまり「○○の教育についてなら、とりあえず佐藤に話を」となる

ものを持てるかがまず大事だと思っています。その上で、それだけではない
軸を複数持ち、柔軟に対応することとの両立が理想的だと思います。例えば
私の場合だと、デンマークや、生涯学習と地域づくり、子ども・若者の参画
などがそれらに当たります。

　実際に、比較教育学の研究者は、比較教育学ではなく教職課程のポストで
職を得る可能性も高いと思うので、教職課程で求められる科目に関する業績
も意識し一部つくっておくことも現実的な戦略だと思います（詳しくは第Ⅲ部
参照）。私も、地域で行ってきた取り組みや研究実績が現在の大学で科目を
担当する上で役に立ちました。

2) 活字化された実践がある

　大学院生の時に、何か実践に関与している場合には、是非、それを実践だ
けで終わらせず、活字化、できれば論文化することをお勧めします。

　活字化すると、①その実践が終了しても記録に残ることで後年誰かの眼に
とまり役に立ち、②自分の業績になり、何より、③意義深い実践にする意思
が働き、よりよい実践となる可能性が高まるためです。

　私も、自分が関与する取り組みについて紹介する原稿を寄稿したり、スタッ
フの方々と共著で書籍化したり、報告書も作成しました。今でも、学生たち
とゼミ等で、社会的な実践を行う場合には、その実践の意義は何か、どうす
れば価値づけできるかなどを考え、活字化することを意識しています。

3) チャンスは全国にある

　東京都をはじめとした関東などの大都市圏は、採用選考において激戦区で
す。そのため、大学院生が研究職を得るには大都市圏以外にも視野を広げた
方が比較的採用のチャンスがあると思います。自分は全国のどの地域までで
あれば、就職することができるかを、ある程度意識して、公募情報などを確
認しておくといいと思います。

　私は新潟の大学に勤めていますが、地域によっては、人材が不足している

分野もあるためか、私のような若手でも学校教育や地域づくりの現場に喜んで迎え入れてくださったり、様々な活躍する機会をいただいたりすることもあります。特に、比較教育学の研究者や大学院生の方は、異なる文化や社会への関心、適応能力も高いと思いますので、これまでに縁がなかった土地でも楽しむことができるはずです。

4. おわりに

　ここまで、困難への工夫、初職を得るための心構えなどについて述べてきましたが、私も、大学院生の頃にすべて明確に意識して取り組めたわけではありません。振り返ったときにこのようにまとめることができただけです。実際は、迷い、立ち止まり、色々な人に相談し、お世話になりながら歩みを進めてきました。そのような大学院生の頃に出会った人たちは、その後の研究や仕事でも大切な財産となっています。

　また本論では触れませんでしたが、博士号を取得してから大学へ就職することが時間的、経済的に可能な方は、そうすることをお勧めします。大学で働きながら博士論文を執筆することは、想像以上の困難を伴いますし、工夫

写真Ⅱ-5-2　2015 年 新潟の雪山にて

が必要です。ただ、私のような例もあるということで、参考にしてもらえれば嬉しいです。

　比較教育学を通じて様々な国の政治、経済、社会、そして文化へのまなざしを持つことで、視野が広がり、人生が豊かになります。また、他研究者や行政、実践者との協働も起こりやすく、本人次第でとても自由度が高い分野だと思っています。是非、大学院時代をしなやかにサバイブしていきましょう。

第6章　留学生の院生生活と就職への道のり

武　小燕
（名古屋経営短期大学）

1. はじめに

　日本における留学生数は年々増えています。私が留学に来た 2002 年には全国の留学生数は 10 万人弱でしたが、2019 年に 3 倍以上の 31 万人になり、そのうち 5 万人余りが大学院に在学しています。大学や学会に留学生がいることが当たり前になり、彼ら・彼女らは日本の大学や研究活動に新しいエネルギーを注いでいます。一方、異国で研究生活を進めることには多くの困難が伴います。例えば、情報の不足、言語面の不安、経済面の懸念などが挙げられます。私は一先輩として、かつて院生の時に知りたかったことや自分の経験を皆さんと共有し、少しでもご参考になりお役に立てば嬉しく思います。

2. 学位取得に向けて

　留学生が日本の大学院で勉強した際の、一番の関心事は学位だろうと思います。日本で就職するなら、満期退学でも一定の評価が得られますが、母国や第三国で就職を目指したら学位を持たないとほとんど評価されません。私は院生当時、将来帰国か日本での就職かを迷っていましたが、とりあえず無難な選択として学位取得を目標にしました。学位論文の提出に必要最低限の条件をクリアしたら学位論文の執筆に集中し、非常勤講師の働き口を紹介されてもあまり関心を持ちませんでした。そもそも、日本語で論文を書くこと

で精いっぱいなので、非常勤の授業準備まで手を広げるほどの余裕がありませんでした。

　学位を目指すなら論文で勝負しかありません。であれば、本当に関心があるテーマに取り組むことが一番の近道かもしれません。留学生にとって、院生生活は学問を追求する場であると同時に、出世のための通過点でもあります。そのため、関心のあるテーマよりも、書きやすいテーマにすることがあります。または、自分の関心が何なのかにまだ気づいていないこともあります。私は留学当初そのような一人でした。

　修士課程の際に私は社会教育施設の図書館に関するテーマを設定したのですが、あまり熱意がないままに1年半も過ぎてしまいました。2年目の夏ごろ、教員の指導を受けた際に別のことについて熱く語り、そのテーマへの変更を申し出ました。提出期限まで半年もない時期なので、先生から反対されると思いましたが、関心のないものに時間を浪費するよりは本当に関心のあるものに取り組みなさいと言われ、あっさり認めてくれました。それに感激した私は、人が変わったように新しいテーマに取り組み、短期間で修士論文を仕上げました。その修士論文が評価されたおかげで、博士課程への進学を決意し、研究者への道を目指すようになりました。

　母語ではない言葉で論文を執筆することは容易ではありません。日本語能力のほかに、文章の作法や思考回路も国によって違います。私は当初、研究室の先輩から「論文を書くときは、接続詞をもっと入れたほうがいいよ」とのアドバイスをもらったことがあります。自分の中では前後の文の関係性が自明のように思っていても、日本語の文章ではそれが伝わらなかったようです。日本語の文章力を上げるためには、やはり日本語の文献を読んだり日本人と交流したりするのが効果的です。特に関心の近い同じ研究室の先輩や同輩との交流が非常に大切です。また、留学生の院生生活を手助けするチューター制度を設けている大学があり、チューターの協力を求めてみてもいいと思います。ただし、日本人院生も各自の研究や生活があり、過度な依頼をしないように心がけましょう。あくまでも切磋琢磨を通して互いにとってよい

刺激になるように高め合っていけたら何よりです。

　自分の研究の意義や課題を確かめるためにも、学会を積極的に利用してください。学会は関心の近い会員が集まる場であり、そこで様々な刺激や情報が得られます。共通した課題意識をもつ会員方と討論したり、先輩会員の研究を見習ったり、研究生活の喜怒哀楽を雑談したりすることにより、よい啓発が得られたり仲間ができたりして研究の世界が広がっていきます。初めての学会発表は緊張すると思いますが、質疑応答などで出てきた意見は自分の研究をレベルアップしてくれるありがたいものです。また、学会参加に必要な参加費や交通費は、大学によって補助制度で賄われるものがあります。自分の大学に確認してみてください。

　そして、留学生活で一番重要な存在が指導教員です。指導教員によって指導方法や学生との関わりの度合いが異なります。研究のテーマや調査方法、学位取得の段取りなど、指導教員によく相談し、指導を得た上で進めていきましょう。指導教員は多忙を極める方が多いので、事前にアポを取ることや時間遵守をしてください。研究が躓いた時やあまり進展のない時に指導教員を避けようとする気持ちは院生ならだれでも持ったことがあるでしょうが、そういう時こそ先生の指導を仰ぎ、学位取得に向けて進展の糸口を見出すことが大事です。

3. 経済的心配をなくす

　留学生の多くが私費留学生であり、そのうち自ら授業料や生活費をアルバイトなどで賄わなければいけない苦学生が少なくありません。私もそうでした。来日当初、居酒屋、コンビニ、日雇いの現場作業などの複数のアルバイトをかけ持ちしました。しかし、留学生のアルバイトには時間制限があり、平常は週に28時間を超えてはなりません。限られた時間で必要な収入が得られるように、語学講師や通訳・翻訳といった時給の高いアルバイトが望ましいです。来日からしばらく経って、地元の国際センターの掲示板で語学教

師の掲示を出してみたら、中国語の個人授業や翻訳の仕事が入りました。それをきっかけに語学関係の仕事が増え、駅前の外国語教室の中国語講師も務めました。

　語学関係のアルバイトが難しいなら、身近な飲食店やコンビニのアルバイトでもいいと思います。ただ、お金を稼ぐことよりも学業の方が大切であり、初心を忘れないことが大事です。比較教育学を学ぶ人にとって、アルバイトが日本の生の人間や社会を理解する絶好の機会でもあり、その視点を学業や研究に生かすことができます。

　当初、私のバイト先の一つがカレーのチェーン店でした。同じ店でアルバイトをしている有名国立大学の日本人学生と雑談した際に、彼女の夢が将来カレー店をオープンすることだと知りました。それを聞いた私はびっくり仰天でしたが、彼女は至って平気な顔でした。エリート校に入ったらエリートを目指すことを当然視する自分とそうでない彼女の間には、中国と日本の教育観と勤労観の違いがあることに気づき、考えさせられました。

　アルバイトのほかに、授業料の減免、奨学金や留学生寮の募集情報に留意してください。その際に、応募団体がいかなる学生像を求め、何をアピールしたらよいかを分析しておきましょう。自分を過大評価も過小評価もせず、誠実に向き合ったらいいのです。ただ、国によって評価ポイントが違うので、日本語の表現を含めて、信頼できるネイティブの方に申請書類を事前に見てもらえると安心です。また、博士課程への進学を決めているもしくは在籍中でしたら、日本学術振興会の特別研究員にチャレンジしてみてもいいです。これは博士課程の院生や博士の学位取得者を対象とする制度であり、採用者には研究奨励金と研究補助金が支給されます。前者は給料のように毎月支給され、後者はフィールド調査等で使える研究費です。

　私は院生時にいろいろ申請して落ちるばかりでしたが、幸い博士課程では民間の留学生寮（家賃は月に1万円程度）に1年間入居でき、民間財団の奨学金を2年間得られ、学振の特別研究員を2年間務めることができ、経済面は大いに助かりました。そのおかげで、アルバイトは最小限に止め、より多くの

時間を学業と研究活動に割くことができました。特に特別研究員は研究者のキャリアとしても評価されるため、挑戦し甲斐が大いにあります。その応募の詳細については本書第1章を参照してください。

　経済的自立と学業の両立が図られたら、できるだけ多様なことを体験してみてはいかがでしょうか。比較教育学を学ぶ人にとって、異なる文化の人と関わり、他者とコミュニケーションをすることが研究の感性を磨くことにも役立ちます。留学生活は多忙や孤独が伴うものですが、視野を広げて充実したものにしましょう。

4.　さあ、就職へ

　日本人と変わらない就職活動のあり方については、コラムの「大学の先生になるためのシューカツ」を参照していただきたいですが、ここでは、留学生特有の課題や注意点について述べます。

　一つはビザの問題です。留学生が日本で仕事するには、留学ビザを就労ビザに変更する必要があります。就労ビザがない状態で仕事すると、違法な滞在や就労になってしまうので注意が必要です。したがって、就職の内定承諾をもらったら、早速就職先に就労ビザの取得について相談し、必要な手続きを行ってください。就職活動もビザ変更も時間がかかるので、留学ビザの期限が切れる前に仕事が決まらない場合には「就職活動を行うための在留資格」に変更することができます。この資格は「特定活動」というビザの分類になり、在留期間は6か月間です。さらに1回の在留期間の更新が認められるため、大学等を卒業後も就職活動のために1年間日本に滞在することが可能です。申請時に卒業した大学の推薦状等の書類提出が必要です。もしその期間中にも仕事が決まらなかったら、無報酬の研究員でもいいですが、身を置く場所をとにかく確保する必要があります。

　そもそも、多くの留学生は母国の就職活動をイメージし、卒業前に就職を決める必要性を感じないだろうと思います。しかし、日本の大学では就職活

動は卒業の1〜2年前から行うことが普通です。母国のイメージで就職活動をのんびりしてしまうと、ビザ更新も仕事のポストも機を逸してしまう恐れがありますので、早めに取り組んでいきましょう。

　もう一つは就職に関する情報量の不足と必要な準備についてです。多くの留学生は、留学先と有名な大学や企業以外に、日本の大学や会社についてあまり知りません。そのため、日本での就職を希望するなら、留学生はいっそうの情報収集を心がけるといいでしょう。

　一般企業への就職であれば、労働力が不足している日本社会では相対的に見つかりやすいでしょうが、大学教員を目指すなら一定の厳しさを覚悟する必要があります。なぜならば、少子化が進む日本社会では学生の人数が減り、大学教員の新規採用が少なくなった上に、博士課程の研究者養成人数が2000年代以降急増しました。そのため、大学への就職は厳しい競争に直面しています。一つの教員公募に百名以上の応募が殺到することも珍しくありません。

　大学教員の求職では研究業績のほかに教育経験があると有利です。そのため、学位取得との関係性を考慮する必要がありますが、非常勤講師や留学生対応の職員を務める機会があれば担当してみたらいいと思います。たとえ自分の研究分野と関係のない語学等の授業でも、シラバスの書き方、学生対応、成績評価など、実際に学生たちに教える際に必要な作業や指導には共通することが多いです。比較教育学を学ぶ人にとって、比較教育学のポストに就職できたらベストですが、そのポストは全国で限られています。したがって、教育学、地域研究、多文化共生などの関連分野に視野を広げて応募してみてはいかがでしょうか。留学生は特に語学力を生かして語学教育の教員公募に留意してもいいでしょう。

　もちろん、母国や第三国で就職することも考えられます。留学生の多くは発展途上国から来ており、自分の学びと研究を母国に還元することはとても有意義なことです。就職については、これまで母国での学業やフィールド調査で築いた人脈や様々な公募サイトから情報を集めてチャレンジする道があ

ります。ただ、母国や第三国に行っても日本での留学生活で築いた人間関係は大事な財産であり、今後の研究生活で新たな協力関係につながるかもしれません。大切にしてください。

5. ステップアップを目指して

　今、日本の大学では任期付きの雇用が増えています。また、任期なしの雇用でも新しい職場で新たな成長空間を求めることがあります。こうした時にステップアップを目指して次の就職先を探すようになります。ただし、前述の通り、大学の就職環境は全体的に厳しく、安易に異動を考えるのはお勧めできません。「石の上にも三年」と言われるように、やむを得ない状況を除いて、ある程度今の職場の仕事をこなして経験を積んだ方がいいでしょう。ただ、ステップアップするための準備は日ごろからしておきましょう。例えば、研究業績や教育実績を作り、教員としての力量を高めたり、研究テーマの幅を広げ、応募できるポストの数を増やしたりすることが挙げられます。

　ステップアップを目指す時は、結婚や育児と重なることが多いです。単身時代と異なり、自分のキャリアだけでなく、配偶者の仕事や子育ての環境など、考慮する要素が増え、ワークライフバランスを考えざるを得ない時期になります。女性研究者の葛藤がいっそう多いのではないでしょうか。

　私は今の勤務校に勤めて1年目に娘を出産しましたが、その後母国の親族や日本の保育園の力を借りながら、仕事に没頭する日々が続きました。しかし、娘が成長するにつれ、次第に「ママも○○ちゃんのママみたいに、仕事をしないでもっと私と遊んでほしい」と私にせがむようになりました。娘に寂しい思いをさせないように、できるだけ娘との時間を作り、彼女が寝てから深夜や未明まで仕事をすることもしばしばでした。また、多文化世帯特有の課題ですが、子どもの母語教育と母国の文化継承に苦心している保護者が多いのではないでしょうか。民族学校に通っているのでなければ、それらの教育はほとんど親が担うことになります。私も娘の中国語教育のために教材

を探したり勉強をみたりしてかなりのエネルギーを注いでいます。辞職して子育てに専念するべきかと思い悩んだことがありますが、やはり研究や教育の仕事が好きであきらめたくありませんでした。

　私の研究テーマは中国の学校教育が中心でしたが、勤務校で教職科目と多文化保育を中心に担当しているため、日本の学校教育と多文化教育に関心を広げています。今、娘は私が日本の学校教育の実態を知る窓口の一つになり、多文化教育の実践対象にもなっています。ワークとライフの摩擦を克服しながら、両者が補い合い相乗効果を生むような関係を作り直したいところです。

　もう一つの選択肢として、中国に帰国することも考えられます。日本の高等教育の規模縮小に対して、中国の高等教育の規模は拡大しつつあります。博士号をもつ帰国者に対するニーズも高いです。最終的に家庭等の事情で現状維持することになりましたが、状況が違えば帰国することも魅力的な選択肢の一つだと考えています。

　ステップアップをどう捉えたらよいでしょうか。より多くの研究業績を作ることか、より理想的な教育実践ができることか、それとも、ライフとワークのバランスを取りながらより落ち着いた人生を過ごすことか。人によって捉え方が様々でしょう。皆さんは今後の人生でそれぞれの答えを出してくるだろうと思いますが、今はこの日本留学を悔いのないものにするように精いっぱい取り組んでください。この留学生活で得られた経験と知見は、きっと今後の人生で大切な財産になるでしょう。

第7章　実務から研究へのキャリアパス

内海悠二 (名古屋大学)

1. はじめに

　第7章では、筆者が博士後期課程在籍中に国際教育開発実務に従事した経験をもとに、博士前期 (修士)・博士後期 (博士) 課程での学習が国際機関への就職と実際の業務にどのように生かされ、また実務で得られた経験が博士課程での研究にどのように役立ったのかを紹介します。そして、これらの経験が研究職への転向にどのように寄与したのかをお伝えすることで、実務と研究を行き来するキャリアパスのあり方をお示しできればと思います。また、修士・博士課程での心構えやキャリアを築くうえで私が大切にしてきたポイントを本書で共有することにより、読者の皆様が自身のキャリアを考える際の一つの参考になれば幸いです。

　本章で紹介する私自身の経験や考え方の根幹はどのような分野を専門とする方でも当てはまると考えています。その根幹をご自身の具体的な研究や業務、ご経験や目標に重ねてお読みいただければ嬉しく思います。私は非常に長い学生期間を過ごし、実務も職員やコンサルタントなど様々な雇用形態で異なる職種を断続的に行ってきました。計画された一貫性のあるキャリアとは言い難いですが、振り返って全体を見渡した際に個々の経験が一つの大きな広い道の一部として意味を持つのであれば、このようなキャリアも現代におけるキャリアパスの一つの形として考えていただいてもよいのではないかと思います。

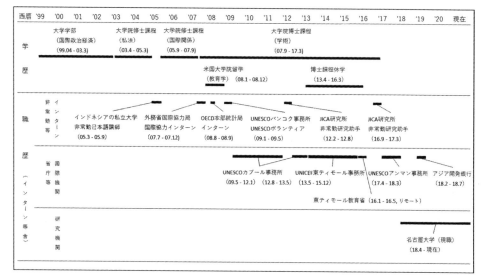

図Ⅱ -7-1　著者の実務経験と学術経験のキャリアパス

2. 修士課程での葛藤と力点

　国際教育開発分野で学ぶ多くの学生と同じように、私も国際機関や研究機関に就職したいという漠然とした夢を描きながら大学院に入学しました。しかし、修士課程に入学してほどなく、これらの職業に就くためのハードルは思っていた以上にずっと高いという現実に直面しました。一番の問題は、修士課程の時点で既にキャリアパスが違ったのではないかと感じたことです。世界でもトップレベルの大学や大学院を卒業された先生方と自分自身を比べれば自ずと考えさせられ、また秀でた英語力も職務経験もなかった自分自身が欧米の著名な大学院を修了した日本人と競争して国連職員への登竜門と言われる JPO 試験[1] に受かることも難しいように思いました。それでも何とか「挽回」しようと、修士課程では交換留学プログラムや国連事務所のインターンに応募しましたが、結局どれも実現できず、修士課程修了後のキャリアをどう描くべきか不安に思う日々を過ごしました。

闇に包まれたような状況で修士課程を過ごしたわけですが、今振り返ってみると現在へのキャリアにつながる重要なポイントは概ね2つの点に集約されます。一つは分析手法の習得に力を注いだこと、もう一つは学術的な意味で自己批判を続けたことです。

1) 分析手法の習得

　指導教官の黒田一雄先生 (早稲田大学) の勧めもあり、修士論文では、当初考えていた文化人類学的な研究から量的手法による研究に変更し、研究テーマに関する学習の傍ら、統計学を勉強しました。分析手法の勉強は基礎的な概念をどれだけ深く理解しようとするかが重要です。例えば、統計学の検定手法の一つにt検定がありますが、t検定の目的を理解し、統計ソフトの使い方がわかるようになると見かけ上は「分析」ができるようになります。しかし、実際にはそれでt検定という分析手法を習得したことにはなりません。t検定を理解するためには標本や推定などの統計学的意味や、標準誤差や正規分布などの概念を理解する必要があります。正規分布を正確に理解しようとすれば微分・積分方程式を理解する必要があります。数式に出てくる記号の意味がわからなければ、まずはそれを調べる必要があります。

　このように学習したt検定に対する理解はその後の統計分析の理解の深度にそのまま反映されます。統計分析の理解の程度は応用的な分析モデルの理解度に関わり、さらには自身の研究のために構築した計量モデルの質にも影響していきます。それらをどこまで学習すべきかは研究デザインや時間的制約によりますが、いずれにしても分析手法を丁寧に学び、その分析手法を研究テーマに合わせて応用する能力は、修士論文のみならず、研究を続けていくうえでなくてはならない大事な要素です。修士・博士課程を問わず、分析手法は常に学び続けるように努力しましょう。

2) 自己批判の継続

　学問を学ぶうえで最も重要なことは、自分が理解したと思っている概念や

意味について、本当に自分自身が理解したと言えるのか常に批判的に考えることができるかどうかです。自分が理解したと思えば、人はそれ以上を理解しようとは思わなくなります。周りの人に自分は理解したと言えば、多くの人はそれ以上教えようとは思わなくなるでしょう。自分の理解を最後まで問えるのは自分自身だけです。その自分自身が「理解した」と結論づけて、さらに深く理解しようとする努力をやめてしまうと、それ以上に能力を伸ばすことは難しくなります。修士課程では特に、自分の理解に対しては絶えず懐疑的に思考しながら学ぶことを心がけて下さい。

3. 博士課程での国際機関勤務と留学

博士課程に進学した後は、半年ほど外務省でインターンを行い、その後、米国のカリフォルニア大学バークレー校に1年ほど交換留学する機会を得ました。博士課程での交換留学は単位などを気にせず博士論文のために自分が必要だと思うことを自由に行えます。私は、いまだ理解が足りないと考える統計学(分析手法)の勉強だけに焦点を絞ることを選択しました。国際教育開発学や研究テーマからはしばらく離れ、統計学部1年生用の数理統計学や社会統計学(高校を卒業したばかりの大学1年生と28歳のおじさんが机を並べるという状況でした。)、公衆衛生学部の生物統計学や統計分析プログラム実習、大学院レベルの応用統計学まで科目名に統計学と名が付く授業を順序構わず聴講し、夜間は広大な大学図書館で自習しました。

継続的な学習は予期しない新たな機会を必ず提供してくれます。統計分析だけはとにかく勉強してきたおかげで留学中の夏季休暇にはパリにあるOECD本部統計局でインターンをする機会に恵まれ、留学後はUNESCOバンコク事務所の統計関連業務を管轄する部署でUNESCOボランティアとして国際教育統計実務を学ぶ機会を得ました。このような知識や経験が蓄積されていくと、自分の意思と客観的評価の双方において、徐々に将来のキャリアパスのイメージが形成されていきます。自分が将来実現したい、または実

現できると他者からも思われるキャリアのイメージを実感することができる
ようになったのはちょうどこの頃でした。

　そんな折に、UNESCOでの私の上司（指導役職員）から、アフガニスタンの
UNESCO事務所で統計学の知識がありモニタリング評価業務を行える人を
探しているとの情報を得たことがきっかけで、UNESCOカブール事務所に
勤務することになりました。当初は3カ月ほど勤務して博士課程の研究生活
に戻る予定でしたが、結局、合計3年半ほどカブール事務所で成人や警察官
の識字教育プロジェクトに携わることになり、その後さらに東ティモールの
UNICEFディリ事務所で教育運営情報システム（Education Management Informa-
tion System: EMIS）の構築業務を2年半ほど行いました。どちらもデータ分析
や教育統計の知識が必要な業務であり、これらの仕事に就けたのは間違いな
く分析手法の勉強を継続したからです。しかし、その間、休学や留学期間も
含めて継続的に博士課程に在籍したことで、博士号を取得するまでに合計で
9年半の歳月を費やしました。

4.　国際教育開発実務で得られる経験

　博士課程在籍中は意図せず長期に渡って実務に携わりましたが、その経験
は後のキャリアにとってとても重要なものになりました。アフガニスタンで
はモニタリング評価に関わる質問票の作成からデータ収集、データベース作
成、能力強化研修の実施や地方モニタリング拠点の設立のほか、全国識字能
力調査のサンプリングデザインの作成に取り組みました。また東ティモー
ルでは教育省が管理する教育データ（EMISデータ）の内容や収集方法の改善、
収集したデータの分析や政府教育統計年鑑の作成業務に携わりました。

　これらの業務は、それまで学問として学んできた統計学の分析対象である
データが実際に現地でどのように採取されるのかをまさに経験を通して学ぶ
プロセスでした。データ収集のためにどれだけの人材や資金が必要であり、
どのタイミングでデータが収集され、どれくらいの時間がかかり、どのよう

な問題に直面するのかということは現場で経験しなければなかなかわからないことです。

　例えば、東ティモールではインターネット環境が悪いため全国の学校で紙の質問票に生徒一人ひとりの情報を記入してもらいますが、質問票の回収途中でバイクが事故に遭い質問票が行方不明になるとか、スコールで停電になり入力中のデータが消えるといったアクシデントは日常茶飯事です。またヨルダンでは、100 万人の学生の個人データを全てオンラインで収集しますが、ハイテクすぎるために簡単な教育指標でもデータベースで計算させることが難しく、間違いも発生しやすくなります。ほかにも学校年度の開始日が突然変更されてしまい生徒の生年月日から基点日までの年齢の計算が合わなくなったり、質問票の項目が細かすぎて途中からいい加減な回答が目立ち始めたり、地域や学校ごとに質問の意味について異なる解釈をしてしまうといった問題が度々発生します。

　このような現場の問題を実際に経験すると、その後の研究の場面などで自分が関わっていないデータを分析する際にもそのデータの収集過程で生じ得る問題を想像することができるようになり、その想像をもとにデータに潜む問題の有無を確認していくことができます。調査票を眺めれば回答者にどのような理解の錯誤が生じ得るのかを想像でき、データに存在する歪みの意味や原因を推測することができるようになります。

　他方で、実務を継続するなかで、日々の具体的な業務から一歩引いて業務全体を俯瞰的に眺めることができる瞬間も訪れます。それは教育大臣との会合の場であったり、地域事務所における研修の場であったり、休暇中に参加した学会の場であったりします。そもそも、なぜ教育省は教育データを必要とするのでしょうか。教育省には通常、計画課という部署があり EMIS データの収集分析を管轄します。その EMIS データを分析する重要な理由の一つは、教育省が自国の教育状況を理解するためです。教育状況を理解すれば、どこに問題があるのかがわかるようになり、その問題点を克服するために国家教育政策が策定されます。教育政策を実施することで改善される国内の教

育状況は、やがて EFA^2 や SDG4^3 といった国際教育政策における教育目標へと反映されていきます。このような壮大な教育政策メカニズムの一部として存在する一国の教育データ収集や分析の意義を理解できると、自分が行う研究での政策的含意の捉え方を具体的なイメージとともに理解できるようになります。

　このような実務経験や経験から得られる専門知識によって、その後のキャリアの可能性は大きく広がります。他の実務職への就職（転職）可能性が高まることはもちろんですが、研究職の採用の場面においても、関連する実務経験は有利に働くことが多いと言えます。これは、実務経験が一定の専門知識を有することへの一つの証となり得るほか、大学での講義や学生指導などの場面で、質の高い教育を提供してくれるだろうという（採用側の）期待にもつながるからです。私は、研究職の採用面接では、現場での経験や知識をふんだんに盛り込んだ授業計画や模擬授業を披露し、理論と実践の両方を教えることができる人材であることを強くアピールしました。

5. 国際教育開発実務で行う研究

　国際教育開発の実務では様々な情報や資料、データに触れる機会があります。私は、業務で扱った情報やデータを使ったら、どのような研究ができるだろうかと日々考えていました。例えば、退学者が多い学校と少ない学校で教師の経験や学校設備がどれほど異なるのか、学生の全国学力試験結果と家庭の経済状況に相関関係があるのかといった問いを立て、教育省に保管されている各学生の基本データや全国統一試験の結果、学校や教師に関するデータを組み合わせて実際に分析してみたこともあります。ある研究の問いを設定し、その問いに対して現実のデータをどのように分析できるのかを考え、実際に分析を行うことができる環境はとても貴重です。研究職では将来の研究計画を考えることが日常的な習慣となりますので、情報やデータの存在を認知したうえで研究の可能性を考える訓練は、研究職への応募の際にも就職

した後でも非常に役立ちます。

　また、実務では業務として研究プロジェクトを受け持つこともあります。地域事務所や本部にいる専門家との打ち合わせを重ねながら研究プロジェクトを実施する過程は、アカデミックな共同研究によく似ています。私は、アフガニスタンでは識字能力試験問題の文脈適合作業やサンプリングデザインの設計を通してデータ収集プロセスを、東ティモールでは不就学児童の要因分析や学校財政に関する現地調査結果の執筆作業を通して研究成果を導き出すまでのプロセスを学びました。

　こうした実務経験は私自身の博士課程の研究にも大きく影響し、博士論文の対象国を当時勤務していた東ティモールに変更することにしました。それからというもの東ティモールでの滞在は研究のための長きにわたるフィールドワークにもなり、業務を通して得た知識や経験を研究に生かすことは勿論のこと、勤務が終われば教育省から供与された数十万人の教育データの整理と、過去の紛争に関する統計データや関連報告書の収集に明け暮れ、地方への個人旅行や出張は研究のための視察も兼ねることになりました。

　その後、UNICEF での契約が終了したことを機に、集中して博士論文を執筆するために日本に帰国し、約1年後に博士課程を修了しました。

6.　若手実務者が研究職に就くために

　大学等で研究職に就くために、まずは研究員や任期付きの助手の職を獲得し、研究実績を積み上げながら次のステップを目指すという姿勢は素晴らしいものです。可能であれば、そのような姿勢で研究職に挑戦していくことが正攻法です。しかし、修士課程や博士課程が修了する頃は年齢も相応に高くなり、キャリア展開の幅が限られるようにも感じられ、将来への不安は増長します。実務に携わっている方は実務経験が長くなるほど自分が研究職へ転向してもやっていけるのかという不安が大きくなるかもしれません。

　大きなリスクを取りづらくなる年齢に差し掛かり不安が募る場合には、長

期的な視野で研究職へのキャリアを考えることも重要です。もし皆さんが不安を抱えやすい年齢や性格である場合には、まず「途上国における教育開発に何らかの形で携わり続けること」という広く浅い目的を設定することをお勧めします。そうすることで幅広い関連業種を選択肢として考えられるようになり、断続的にでも準備を整えながら研究職への就職活動を行うことができるようになります。

　私のケースで言えば、博士課程修了前後に応募した常勤の研究職や実務職は全て断られましたが、JICA 研究所で非常勤の研究助手をしながら就職活動を継続し、再度 UNESCO のヨルダン・アンマン事務所にて勤務できることになりました。ヨルダンでは業務の傍らで研究職に資する活動をできる限り継続することに努め、学術雑誌への論文投稿や休暇中に学会発表を行うとともに、JREC-IN などで大学機関の募集情報を常時確認しながら、特任助教から准教授まで幅広く大学機関への応募を続けました。そして約 1 年後に現職の名古屋大学大学院国際開発研究科に採用していただきました。

　私は、実務職では 8 年半で 80 以上のポストに、研究職では現職に就くまでに 6 つのポストに応募しました。若手がポストを得るために重要なことは、少しでもチャンスがあれば（チャンスが無くても機会があれば）まずは応募するという姿勢だと思います。先々のことや自分の立ち位置、人間関係、周りからの目などを気にし過ぎて応募自体を躊躇し、本当はそこにあったであろう自分の人生を変えるチャンスを自ら逃してしまうことほど勿体ないことはありません。その時には見えなかったチャンスを逃さないためにもまずは応募を完了させることを目指しましょう。私は募集締切が翌日であれば仕事を休んででも履歴書や業務・授業計画などの必要書類を完成させました。先々について考えることは受かった（あるいは落ちた）後ですればよいことです。

7. 実務経験を生かした研究教育活動

　名古屋大学では、人材・教育開発プログラムに所属する教員の一人として

「教育開発計画・評価論」や「教育とパートナーシップ」などの講義と国際教育開発演習を受け持っています。前述したように、講義や演習における議論では、実務を通して得た経験や知識をできるだけ取り入れています。例えば、教育開発計画・評価論の講義ではヨルダンや東ティモールで従事した実際の教育セクター計画の策定支援のステップをそのまま授業で再現し、教育大臣や教育省の部局長が中長期教育計画を策定する際に、どのような作業を行い、いかに判断を下すのか、そこに各援助機関がどのように関係していくのかについて講義しています。「教育とパートナーシップ」の講義ではロールプレイなどを通して教育省の苦悩やドナー国政府の考え方、教育予算の分配の在り方などを実践的に学べるように工夫しています。その際に大臣室の気品や飾られた王族の写真、部屋の湿気やスコールの匂い、紛争下の独特な緊張感、駐留軍との共同支援、緊急退避の経験などの話を織り交ぜて授業に臨場感を持たせることができるのも実務経験を有する教員の魅力になります。

　また、本研究科は各国からの留学生も多数在籍しており、在学生の中には省庁や国際機関での勤務経験を有する学生や将来勤務を望む学生もたくさんいます。そのような学生に対しては、自身が経験した迷いや気持ちの変化、今だからこそわかるターニングポイントを共有しながら進路の相談に乗っています。

8.　おわりに

　自分の将来の道筋を考える際に大切なことはキャリアパスの「幅」に意識を向けることなのではないかと思います。学生からの相談を聞いていると、多くの人がキャリアパスを点から点をつなぐ細い線のようにイメージしている印象を受けます。そのような考えのもとでは、線から逸脱すると理想のキャリアから転落するような錯覚に陥り、目標に到達する前に自ら諦めてしまうことになりかねません。

　この際、キャリアの視点を少し変えてみてはいかがでしょうか。私は、キャ

リアパスを将来への「方向」ではなく現在の「幅」と捉えるようにしています。幅の内側にいればキャリアは時間とともに築かれていきます（幅の設定は皆さん次第ですが、できれば少し広めに幅を設定することをお勧めします）。そして将来、自分が過去の自分を振り返った際に自らの軌跡を「再構成」することで初めて線がつながり、遡って自身のキャリアパス（方向）が構築されるのではないかと思います。自動的に進む人生の時間軸において、設定した幅の中にいる努力を惜しまないことが、最終的には自分の目標に到達できる最善の方法なのではないかと思う次第です。

　一度きりの人生の中で一見すると関連がないとも思える多様な経験を積むことは決して悪いことではありません。経験を積むに従って、知識も自信も身についていきます。そのような自身の変化を楽しみながら、長い目で人生の目標へと歩んでいきたいものです。

注

1　外務省国際機関人事センターが毎年実施する試験であり、修士号のほか、高い英語能力と職務経験が要求されます。合格すれば Junior Professional Officer (JPO) として国際機関に派遣されます。

2　EFA (Education for All: 万人のための教育) は 1990 年の「万人のための教育世界会議」において表出された基礎教育普及のための国際合意。行動枠組みでは 6 つの目標が設定されました。

3　SDG4 (Sustainable Development Goal 4: 持続可能な開発目標 4) は 2015 年の国連サミットで採択された 17 つの国際目標の一つ。目標 4 は教育がテーマでさらに 7 つの具体的目標と 3 つの手段が示されました。

コラム

大学の先生になるためのシューカツ

市川　桂（都留文科大学）

　人よりも長く大学に残って研究していた私たち。そんな私たちを待っているのは、一般企業を受けるのとは少し違った就職活動です。(1) 公募情報の収集、(2) 書類の準備と提出（書類審査）、(3) 面接、(4) 電話あるいはメールで採用通知を受けたあと、書類で諸手続きを行う、というのがおおよその流れです。私は、これまで 8 件の公募に応募し、5 回の面接を受けて数年ごとに大学を渡り歩いてきました（地方私立短大→旧帝大→都内国立大→地方公立大）。その経験に基づいて、このコラムでは日本の大学に公募する場合に限って、(3) の面接までのアドバイスをしたいと思います。

1) 公募情報の収集

　大学の常勤職（研究員、助教、講師など）のポストを念頭に置くと、公募情報を入手する方法は大きく 3 つに分けられます。JREC-IN、大学ホームページ、指導教員やゼミの先輩からの紹介です。JREC-IN では、マッチングメールの設定をしておけば、該当する求人情報を漏らさずに得ることができます。中には、JREC-IN に求人を出さないところもあります。その場合はそれぞれの大学のホームページには教員公募情報が出ているので、就職を希望する大学がある人は、こまめにチェックすることをお勧めします。

　先生や先輩から「今度こういう公募が出るのだけれど、受けてみないか」と紹介されることもあります。多くの場合、採用で公正を期すために、紹介されたことが加点になることはありません。しかし、あなたのことを数年に渡って知っている先生や先輩が勧めるということは、あなたの研究内容や実績、適性に合っているポストである可能性が高いと言えます。

　公募情報の中に明記されていない事項がある場合には、この時点で確認しておくと安心です。例えば、共済加入対象であるかどうかということや、

研究に充てられる時間数に制約があるかなどが該当します。ある国立大の場合、海外などへ調査に行く際には当該月の労働時間の 10% までが科研費で支払い可能で、超過分は有給休暇を充て滞在費などが自腹です（ある月に 10 日間調査に行った場合、航空券代と 1 日分の滞在費が科研費でカバーされ、他の 9 日間は休暇中の私的旅行として処理されます）。また、別の国立大では、専任講師でも共済加入の対象にならない可能性があり、研究は業務時間外にしかできません。公募情報を読んで不安に感じることは、働き始めた後に不満に感じる可能性が高いため、応募する前にしっかり確認しておくことを強くお勧めします。

2）書類の準備と提出（書類審査）

　公募情報に納得し興味を持ったなら、応募書類を準備しましょう。大学所定の書式指定がある場合はダウンロードして作成します。どの大学でも共通して提出しなければならないものとして、履歴書、教育研究業績書、着任後の教育や業務に関する抱負の 3 つが挙げられます。特に教育研究業績書については、まだ作ったことがない人は今すぐにでも取り掛かってください。文部科学省の様式第 4 号で作成しておき、応募前はもちろん、半年ごとに業績を追加・更新していくことをお勧めします。

　着任後の教育や業務に関する抱負は、担当科目や業務内容に関係するあなたの経験や強みをアピールするチャンスです。応募先の大学、学部、学科、プロジェクトなどについて、ホームページなどで入念に調べておきましょう。並行して、これまでの経験や研究内容などとのつながりについて考えてみてください。この他に、主な研究業績何編かの抜刷やコピーも送付することが多いですが、その場合には担当科目や業務内容に近く、あなたの研究の幅広さがわかるラインナップにしましょう。汎用性が高い人材であることを示すわけです。そのためにも、大学院生の頃から戦略的に業績を積んでおくことが大切です。

3）面　接

　書類審査に通過した幸運なあなたを次に待っているのは、面接です。一般企業とは違って、一次面接だけで採用されるか否かが決まります。だか

らこそ、想定問答集をつくって鏡を見ながら答える練習をしておきましょう。ある程度練習したら、自分が話しているところを動画で撮影しておいて、動作や話し方に変な癖がないかチェックしてみてください。模擬授業をしなければならない場合には、先生や先輩に授業しているところを見てもらい、改善しておくと本番で気持ちに余裕が生まれます。

　それでも、いざ面接になると頭が真っ白になるかもしれません。品定めされるような場には慣れていなくて当然です。緊張するのが当たり前だと思って落ち着いて臨んでください。一生懸命な態度と誠実に取り組んでいる姿勢を面接官に見られているのだと思いましょう。実は、研究者の就職活動は狭い世界で行われます。不採用になった面接で鋭い質問をしてきた先生と、そう遠くない未来に共同研究をする可能性もあります。眼前の結果にとらわれすぎず、人とのつながりを増やしていく気持ちで就職活動に取り組んでいってください。

事例：面接でのプレゼンテーション「これまでの研究と教育について」
　(1) このプレゼンテーションを通してアピールしたいこと……大事なことは最初に伝えるのが効果的だと感じています。
　(2) 研究テーマ、フィールド一覧……研究の幅広さを示しました。
　(3) それぞれの研究の概要……現地調査時の写真を見せながら簡潔に説明しました。
　(4) 研究資金源と成果……科研費に採択されていて研究予算を用意できる力があること、積極的に研究成果を発信していることをアピールしました。
　(5) 研究のおもしろさとやりがいについて……研究に対する姿勢や考え方を伝えるようにし、教育実践に還元していることをアピールしました。
　(6) 教育についての経験……応募先で担当する科目に関係している具体的な事例を写真とともに複数示して、これまでの経験が応募先で役立つことを伝えました。
　(7) まとめ……最後に全体を振り返り、もう一度アピールしました。
　(8) 研究内容の詳細……まとめスライドの後に白紙スライドを挟んでおき、研究の詳しい内容についてのスライドを最後に準備しておくと、質疑応答の時に便利でした。

第Ⅲ部

教員養成・研修で、比較教育学をどう生かすか
（初職：専門を生かしにくい職）

第8章　学校現場における比較教育学
──教職大学院での経験をもとに

高橋　望 (群馬大学)

1. はじめに

　比較教育学を専攻する方は、何らかの形で「外国」に対して興味・関心を持っているのではないでしょうか。そして、ある特定の「外国」に焦点をあて、当該国の多様な教育の営みの中から研究主題を選定していることが多いように思います。それは、教育という営みが、国を単位に展開されることが多く、また公教育が国を基盤に発達しているため、国を単位として考察することが妥当と考えられるからでしょう[1]。そのため、比較教育学(を専攻する方)は、日本(自国)よりもむしろ「外国」に研究関心が向けられるのが自然と言えるかもしれません[2]。

　筆者は現在、教職大学院に所属し、専任研究者教員という立場で日々現職教員と向き合いながら、日本の学校現場との関わりの中で仕事をしています。2008年から設置され始めた教職大学院は、現在は全ての都道府県に設置されており、比較教育学専攻者にとっても、就職先の選択肢のうちの一つになっています。

　日本には独自の教育法制度が存在し、それを基盤に教育活動が展開されています。その意味では、日本の教員にとって、「外国」の教育事情等は直接的に関係することはありません。「外国」を研究主眼とする比較教育学は、日本の学校現場で役に立つことは多くはないとも言えるでしょう。本章では、日本の学校現場との関わりの中で、比較教育学がどのように貢献できるのか、

教職大学院における筆者の経験をもとに、整理したいと思います。

2. 教職大学院とは

　教職大学院は、高度な専門的職業能力を備えた人材の育成を目指して開設された専門職大学院です。①学部を卒業した人を対象に、さらにより実践的な指導力を身につけ、学校づくりの有力な一員となり得る新人教員を養成すること、②現職教員を対象に、地域や学校における指導的役割を果たし、教員として不可欠な確かな指導理論と優れた実践力・応用力を備えたスクールリーダーを養成すること、を目的としています。学生の多くは現職教員であり、学校現場に根差した実践的な教育・研究活動が展開されます。大学院博士後期課程等を修了した研究者教員だけでなく、教諭や指導主事等の教育行政の実務経験を有する実務家教員を置くことが義務づけられており、教員組織においても、実践色が強いと言えます。

　理論と実践の融合を掲げる教職大学院は、実習と課題研究が教育課程の中心に位置づけられています。10単位以上の学校現場等における実習が求められ、学生は、座学だけでなく、実習を通して実践的な指導力の向上を図ります。同時に、各自で設定した研究テーマに基づき、課題研究を進めます。すなわち、学生は、実習での学びを踏まえながら課題研究に取り組み、その成果をまとめた課題研究論文（修士課程の修士論文のようなもの）を提出することが求められます。

　筆者が所属する群馬大学教職大学院は、全国の中でも最も早く、2008年に開設されました。学生は、県内から派遣されるおおよそ10〜20年の教職経験を持つ現職教員が多くを占めています。学生は、1年目は、大学で授業を受けることが中心となります。学習指導や生徒指導、学校経営にかかる理論を主に学びます。同時に、実習を通して学校現場等の実際的取り組みを学びながら、自分の課題研究テーマを設定し、研究計画や方法を精緻化していきます。2年目は、各学生の所属校で、1年目に計画・設定した課題研究を

実践し、その成果を検証していきます。修士課程に比べて、より実践的な研究を求められるのが、教職大学院の特徴と言えます。

　2年目は所属校で課題研究を進めるため、学生は大学に通うことはなく、代わりに、大学教員が各学生の所属校を訪問し、研究指導を行います。1名の学生に対して月に1〜2回程度の研究指導を行うため、担当する学生数によっては、毎週学校現場へ訪問することになります。訪問の際には、学生に対して研究指導を行うだけでなく、管理職や同僚教諭との打ち合わせを行い、研究への協力を仰ぎます。必然的に大学教員が学校現場と関わる機会が多くなり、学校現場の特性を理解しながら、仕事を進めることが求められることになります。

3. 学校現場と比較教育学の関わり

　日本の学校現場と「外国」を指向する比較教育学は、どのように関わることができるのでしょうか。

1) 授　業

　教職大学院は、基本的に全ての授業が研究者教員と実務家教員によるティーム・ティーチングによって行われます。研究者教員が理論的背景を概説し、実務家教員がその理論が実際の学校現場でどのように反映・展開されているのかを解説するように、役割分担がされます。

　後述するように、筆者は、現職教員に「気づき」を促すことを重視し、そこに比較教育学の学校現場への貢献可能性があると考えています。そのため、授業で取り上げる事項について、「アメリカでは、このような取り組みをしています」「○○の観点がイギリス事例からは指摘できます」と「外国」の具体的事例を提示しながら、日本の文脈とは異なる観点を意識できるような発問をするよう努めています。例えば、学校危機管理において、子どもの命を守り安全を確保するという目的は同じであっても、日本と「外国」では、そ

の取り組みや考え方に相違があります。「外国」の事例を知ることを通して、学生がこれまでの自らの実践を振り返り、より理解を深められるように心がけています。

　また、日本の教育政策は、その由来を「外国」に持つものも多いことから、導入経緯や特徴を明確にする際に、「外国」の事例を取り上げています。学校評価を例に挙げると、周知の通り、日本の学校評価は自己評価、学校関係者評価、第三者評価によって展開されていますが、イギリスやニュージーランドの学校評価実践が参考にされた部分もあります。授業では、両国における学校評価の特質や実際の取り組みを紹介することで、各学生が日本の学校評価政策、あるいは自校の学校評価実践と比較検討し、学校評価の目的や方法をより広い視野から捉えられるように工夫しています。

　訪問先学校の授業の様子や教職員の働き方等、筆者の海外現地調査で得られた情報を授業の中に組み込むと、「もっと外国の事例を聞きたい」といった発言も聞くことができるようになりました。筆者が現地で撮った写真を英語教員が実際の中学校の授業で活用したり、筆者自身が小学校で外国の学校の様子について授業をしたりしたこともあります。

2) 海外フィールドワーク

　現職教員である学生にとって、教職大学院での2年間は、学校現場での勤務時とは異なる経験を持てる時間でもあります。実際に海外を訪れ、現地の学校を訪問したり、学校関係者と協議をしたりすることは、貴重な学びの機会になります。「外国」のフィールドを持つ比較教育学専攻者は、海外フィールドワークの機会設定等、強みを生かすことが期待されます。

　例えば、信州大学では、数年前から「海外学校臨床実習」を開設し、北欧やイタリアでのフィールドワークを実施しています[3]。「人生観が変わった」「子どもの学びや教員の姿勢はどの国も共通する」等の参加者の感想からは、学生にとって刺激の多い機会となっていることが推察されます。

　海外フィールドワークでの訪問先学校と帰国後もつながりを継続している

学生もいます。現地の学校と所属校との連携関係を構築し、定期的にオンラインで子ども同士の交流活動をしたり、教職員間の情報交換を行ったりしています。群馬大学においても、現在同様の仕組みの構築を検討しています。

3) 教員免許更新制

　周知の通り、2007年の教育職員免許法改正により、2009年4月から教員免許更新制が導入されました。その目的は、その時々で教員として必要な資質能力が保持されるよう、定期的に最新の知識技能を身に付けることで、教員が自信と誇りを持って教壇に立ち、社会の尊厳と信頼を得ることとされています。それまで、教員免許状に有効期間はありませんでしたが、同制度の導入により10年間の有効期間が付されました。現職教員は、有効期間満了日までの約2年間に、大学等が開設する30時間以上の免許状更新講習を受講・修了することが求められ、免許管理者(都道府県教育委員会)に申請することによって、10年間の期限が延長されます。

　免許状更新講習は「必修領域(6時間以上)」「選択必修領域(6時間以上)」「選択領域(18時間以上)」から構成されます。とりわけ、「必修領域」においては「国の教育政策や世界の教育の動向」を内容に含むことが求められており、日本の教育政策動向だけでなく、「外国」についても目を向けることが求められていると言えるでしょう。「外国」の教育(政策)動向について講義をすることは、比較教育学専攻者にとって、専門を生かすことのできる場であると思います。筆者は、日本の教育政策が「外国」の影響を受けたり、関連性があったりすることを、受講者が意識できるような講習の工夫を行なっています。

4. 比較教育学の可能性

　日本の学校現場において、比較教育学の強みを生かすことは、難しい部分があるかもしれません。しかし、筆者は、とりわけ以下において、比較教育学が学校現場に貢献することができる可能性があるのではないかと考えてい

ます。

　一つ目に、教育実践を「みる」視点です。一般的に研究者教員は実務家教員とは異なり、多くの場合、学校現場で働いたり、小中高生に授業をしたりした経験は持っていません。「自分が中学生の頃は……だった」というように、自らの児童・生徒としての経験をもとして、学校現場を捉えてしまう傾向があるのではないでしょうか。また、学校現場に入ったり、現職教員と関わったりする経験が少ないことから、目の前で展開される教育実践を疑うことなく「そのまま」受け入れ、「学校ってこういうものなのだ」「授業とはこうやってやるものなのだ」と理解してしまう傾向もあるかもしれません。

　しかし、「外国」の学校に訪問し、その国の教育実践に触れ、それを理解している比較教育学専攻者は、日本の教育実践を客観的・批判的に「みる」ことができるのではないかと思います。それは、日本の教育実践に対する比較軸を持っているからであり、他の研究者教員にはない、比較教育学専攻者ならではだと思います。「あの国の教師は〜をしていたが、日本の教師は…とするのか」といった考察を自然と行うことができるのではないでしょうか。例えば、授業の合間の休み時間を考えてみると、英連邦圏の国々の教師は、紅茶を飲みながら休憩しますが、日本の教師は、教室に残っていたり校庭で子どもと一緒に過ごしたりします。日本とは異なる教育実践に関する知見があるからこそ、日本の教育実践を相対化して「みる」ことができると思います。同時にそれは、その国と日本の教育実践との共通点や相違点の発見や理解につながり、自身のフィールドのさらなる理解、日本の教育のよさや課題の再発見につながると思われます。

　二つ目に、現職教員に「気づき」を促すことです。現職教員は、自治体によって相違はあるものの、基本的には日本の制度枠組みの中で働いています。教職キャリアにおいて、一人の教員の経験できる学校がおおよそ5〜6校であることを考えても、知ることのできる「教育」は、自身が経験してきたものに限られます。現職教員自身の知っている「教育」が全てではないこと、経験してきた「教育」が当たり前ではないこと、教育には多様な形があり得る

こと、を提示することができるのも、「外国」の事例に造詣が深い比較教育学専攻者ならではでしょう。

　三つ目に、研究方法の援用です。学校現場において研究を行うにあたっても、実態分析は欠かせない作業になります。その学校や教職員集団にどのような強みや弱みがあるのか、子どもたちはどのような特長や課題があるのか、保護者や地域との関係性はどのようなものなのか、等の実態を精緻に分析することから、実践研究は開始されます。比較教育学専攻者が自身のフィールドと向き合い、そこから知見・情報を得る方法論は、学校現場での実践研究との共通点が多く、援用できると思います。筆者は、海外現地調査において、関係者に対してインタビューをすることが多いですが、調査を通して得られた経験は、日本の学校現場で現職教員と接する時にも生きていると実感します。

　加えて、比較教育学が比較研究という方法論を採ると考えた場合、分析単位を国ではなく、都道府県、市町村、学校、教室、等と設定することも可能ではないかと思います。自分の教育実践は他の市町村の取り組みと比較するとどう位置づけられるのか、隣の学校の実践と比較するとどう評価できるのか、等の実践研究における分析は、比較研究の汎用性を指摘できるのではないでしょうか。

　四つ目に、学校現場との協働です。「外国」についての専門的知識を有する比較教育学専攻者は、例えば、学校現場との連携に基づき、総合的な学習の時間で海外の教育事情等について解説したり、現職教員と協働して授業を創ったりということも考えられます。子どもたちにとって、現地での豊富な経験をもち、実態を熟知している専門家との触れ合いは貴重な機会になるでしょう。現職教員にとっても、知的刺激を得る機会として機能することが期待されます。また、現職教員の実践的な指導力は、大学教員にとっても刺激を得る機会となります。お互いの専門性から学び合うことができると思います。

5. おわりに

　教職大学院に所属する筆者が、比較教育学を専攻する若手の方々へのメッセージを送るとすれば、自分が興味・関心を持ち、フィールドとする「外国」だけでなく、日本（自国）の教育事情等についても意識的に学習することを挙げたいと思います。「外国」に目が向けられるため、身近な日本の教育政策や状況について、実はあまりよく理解できていないということは、筆者の経験からも言えることです。他方、比較教育学を専攻していても、その専門や関心に必ずしも合致しない教員養成大学や教職課程の教員として就職する可能性が高いことを考えた場合、日本のことを学習しておくことは後々役に立つと思います。

　比較教育学の方法論を記した論考においては、正面から日本との比較をしていなくても、日本の研究者に内在する日本の教育というフィルターから対象国を分析しており、それが研究者としてのある種の価値観として機能している、といった指摘もあります[4]。日本人である私たちは、無意識のうちに日本とフィールドとする「外国」を比較し、考察しているのではないでしょうか。筆者は、その内在化された日本の意識化を勧めたいと思います。例えば、学校と保護者・地域との連携は、どの国においても重要な研究テーマとして挙げられると思います。イギリスやニュージーランドにおいては、学校に理事会を設置し、学校関係者と保護者・地域住民との協働のもとに学校運営が行われることが主流となっています。それは、日本のコミュニティ・スクールと同様の施策として捉えることもできます。日本の学校運営協議会制度の理解があれば、外国の類似施策との比較検討を通した分析も可能になるのではないでしょうか。また、そうした分析や考察は、フィールド理解の深化にもつながると思われます。

　筆者自身、教職大学院において日本の教育実践に触れることを通して、「外国」を対象に研究を進めることの意義、比較教育学の有用性と可能性を改めて実感しています。

　「自分は比較教育学を専攻しているから、日本のことはわからない」というのではなく、日本の教育を「みる」視点を持ちながら自身のフィールドと向き合った時、これまでにはなかった新しい景色が見えるのではないでしょうか。

注

1　例えば、沖原は、比較教育学の特色として「国を単位として教育の比較研究が行われていること」を挙げ、「現代の教育が国家を中心とする公教育として発達している事実からみて、国を単位とする比較が理論的にも実際的にももっとも妥当である」としています。沖原豊編『比較教育学』東信堂、1981年、6頁。

2　近年、グローバル化に伴い、ある特定の国だけでなく、国際機関や多国を分析対象とした研究展開も見られます。杉村は、従来の国単位の比較から、国家横断的、超国家的な視点の必要性を挙げ、分析単位の多様性や分析の複眼性が重要であることを指摘しています。対して本稿は、日本の学校現場を意識し、日本と諸外国（国際機関等を含めた日本以外）という区分を明確にするために「日本（自国）」「外国」と表記しています。杉村美紀「日本における比較教育研究の方法論をめぐる論議」マーク・ブレイ他編『比較教育研究—何をどう比較するか—』上智大学出版、2011年、259-292頁。

3　林寛平（信州大学教職大学院准教授）氏への聞き取り（2020年8月19日）、及び信州大学大学院教育学研究科『令和元年度　海外学校臨床実習報告』、2020年。

4　例えば、佐藤仁「教育借用から考える「場」としての規範的比較教育政策論の可能性」『比較教育学研究』第57号、2018年、13-31頁。

第9章　私立大学における教員養成と比較教育学

中島悠介（大阪大谷大学）

1.　はじめに

　第9章では、私立大学における教員養成に対し、比較教育学の専門性がどのように関わりうるのかをお伝えしていきます。私自身は湾岸アラブ諸国（特にアラブ首長国連邦やカタール）における高等教育の国際化を主要な研究テーマとしていますが、現職での業務内容は小学校・中学校の教員養成です。日本の教員養成と関わりが薄いテーマに取り組む研究者がどのような業務に携わり、どのように感じているのかを、私立大学の現状を踏まえながらご紹介します。

　私は30歳になる前に現職に就きましたが、教員免許を持っておらず、就職前には非常勤講師として1・2つの教職科目を担当した経験しか持っていませんでした。それでも、当時は教職課程の再課程認定を通過するのに必要な研究業績が求められていたことも関係し、幸いにも本務校で勤務する機会を得ることができました。若手研究者には初職として私立大学に就職し、比較教育学に限らず教職課程を広く担当する方々も多いと思いますので、本稿では「自身の経験を後輩の大学院生に共有する」ことを特に意識しています。あくまで自身の経験が中心になりますので、私立大学一般に適用できるかどうかはわかりませんが、若手研究者が今後のキャリアを考える際に参考になればと思います。

2. 大学院生から現職に至るまで

　京都大学での博士後期課程の 3 年間は、とにかく自身の研究テーマを深めるとともに、研究力の基盤をつくることに集中していたと思います。ただし、研究室ではしっかりと業績を重ねていく文化ができていましたので、先輩方についていく形で積極的に論文を投稿していましたし、指導教員の先生方も多くの研究の機会を設定してくださりました。博士後期課程 2 年次から 3 年次にかけて、1 年ほどカタール大学でアラビア語を勉強しながら現地での調査も行っていましたが、今から振り返るととてもぜいたくな時間だったと感じています。博士後期課程の 3 年間を終える時点で、博士論文提出の資格審査を通過する要件を満たすことを目安にしていました。

　博士後期課程を研究指導認定退学した後の 1 年間は、出身大学で、大学と地域連携の推進を目的とした部局で特定助教として勤務していました。比較教育学という学問分野の性質上、国外の事象に目が向きがちな中で、日本国内の都市部から農村部まで様々なフィールドで精力的に地域との連携・協働に取り組む先生方と関わることは、日本の歴史や文化、自然の豊かさを捉え直し、理解を深める機会となりました。また、それらの先生方や大学事務局、府庁や市役所などとの調整に携わることで、実務面でも多くのことを学び、現在勤務している大学での教務や広報といった校務に生かされていると感じています。

　この特定助教のポストは 2 年間の任期でしたが、1 年目の 11 月ごろ、当時の上司の先生から「大阪大谷大学のポスト (教育原理・教育社会学) が空いて公募が出たけど、チャレンジしてみないか」とお声がけいただき、応募を決意しました。面接で求められる模擬授業の練習機会も設けていただき、指導教員の先生方や上司・同僚の先生方の前で、15 分程度の授業を行いました。私自身は話すのも苦手ですし、学会での発表よりも緊張したのを覚えていますが、発表と同じく事前に模擬授業の練習をすることで、自身が話す内容を整理し、話すペースや使用する用語も確認することができました。これらの

先生方の助言を参考にしつつ、何とか現在勤務している大学に着任すること
となりました。

3. 本務校の概要

　現在勤務している大阪大谷大学は、文学部（日本語日本文学科・歴史文化学科）、
教育学部（教育学科）、人間社会学部（人間社会学科・スポーツ健康学科）、薬学部（薬
学科）の4学部に加え、大学院の文学研究科と薬学研究科、さらに教員免許
の専修免許を取得するための1年間の課程である教育専攻科があります。ま
た、教育学部は幼児教育専攻（主に幼稚園教諭と保育士養成。1学年120人）、学
校教育専攻（主に小学校教諭と中学校・高等学校教諭養成、1学年80人）、特別支
援教育専攻（主に特別支援学校教諭養成、1学年30人）の3専攻から構成されます。
私自身は教育学部の学校教育専攻に所属していますが、「比較教育学」とい
う特定の学問を扱うのではなく、広く「教育学」に関連する科目を担当する
教員という位置づけになっています。

　そのため、私は教職課程の中でも「教職に関する科目」の担当として、教
育学部の各専攻に加え、文学部や人間社会学部に所属する教員免許取得希望
の学生も受け持つことになります。また、教育学部の中でも保育士から幼・小・
中・高さらには特別支援学校教諭を志望する学生がいるため、それらの学生
が一堂に会する授業もあります。このように、自身が授業をする科目ととも
に、学生が希望する校種や学ぶ科目に幅があるのが私立大学の一つの特徴か
もしれません。

　大学の雰囲気としては、大阪府の郊外に立地しており、比較的穏やかな印
象があります。もちろん大学の改革レースに関わる雑務に日々追われていま
すが、大学として研究実績を上げていこうという意識があり、海外渡航に対
しても（校務に支障をきたさない限りは）寛容な空気があるので、研究はしやす
い環境かと思います。

4.　担当授業と比較教育学の関わり

　私が担当しているのは主に「教職に関する科目」で、「教育原理」や「教育社会学」の講義を受け持っています。これらの教職科目に加え、ゼミナール (1 〜 4 年生の各学年)、教員採用試験対策の科目、卒業論文などを担当しています。教職科目として「比較教育学」が設置されていないので、教育原理や教育社会学の中で部分的に海外の教育事情に触れています。

　一方で、こうした教職科目やゼミ以外に、専門科目として「自由にテーマを設定していい」科目が割り当てられており、そこでは比較教育学の内容を扱っています。また、比較教育学を専門にしているという理由から、米国の大学や小学校、幼稚園に学生を引率する「海外研修」を担当し、事前指導から学生の引率 (2 週間)、帰国後の事後指導を行っています。さらに、本学には専修免許取得を目的とした 1 年間の課程として教育専攻科があり、そこでは「比較教育学特講」の科目が設置されています (履修人数は毎年 1 〜 3 人程度)。

　このように考えると、学士課程において「比較教育学」に焦点を当てた科目は設置されていないものの、比較教育学に関連する内容を提供する機会は少なくないと感じています。また、2020 年度からの小学校における外国語科の導入に伴い、英語教育や国際理解教育など、比較教育学に近接する領域への需要はより増えてくることも予想されます。

5.　初年次教育・研究指導・教員採用試験対策

　このように現在の仕事として、担当の授業に関連する業務がまず頭に浮かびますが、「教員養成に携わる」と言った場合、授業だけに関わらず他にも様々な取り組みがあります。ここでは、初年次教育、研究指導、教員採用試験対策の観点から見ていきます。

1) 初年次教育

　初年次教育ではアカデミックライティングや研究入門、ノートの取り方、プレゼンテーションの作法などをイメージするかもしれません。もちろんそれらの内容も扱っていますが、多くの国公立大学とは異なり私立大学では大学入試センター試験を経験せず、少ない科目の試験を経て入学する学生もいるため、特定の科目が極端に苦手な学生も少なくありません。例えば、国語と英語のみで受験した学生は、数学や理科が苦手な場合が多いので、こうした科目における学力の向上も必要になります。

　ご存知のように、日本の小学校の教師は基本的にすべての教科を教えますので、苦手科目を克服し、かつ教えられるようにするための取り組みが必要になります。例えば、本学では「大谷ドリル」というウェブ教材で課題を課したり、各教員が独自にワークを提供したりすることで、科目にしっかりと対応できるように学力の向上を図っています。研究者を目指す人々には一生懸命勉強してきた人が多いと思いますので、授業の内外でそうした学習のノウハウを学生に還元することも求められます。

2) ゼミナールおよび研究指導

　ゼミは3年生に進級する時に振り分けられますが、講座制でもなく大学院の研究室もないので、個々の教員が自身の指導できるテーマを提示し、それらを学生が選択する形をとります。私の場合は「教育学」ですので、必ずしも外国教育研究に関心がある学生が私のゼミを選択するわけではありません。テーマを「教育学」としている理由は「比較教育学だけだと、学生を絞りすぎてしまうこと」もありますが、その他には「学生にとっては『海外≒英語』のイメージが強く、海外に関心がある学生は英語教育に関連するゼミを選択する傾向がある」という事情もあります。一応「外国教育研究に関心がある人はぜひ」と伝えてはいますが、それを目的に私のゼミを選択した学生はこれまでいません（途中で卒業論文のテーマを変更し、国際比較を選択した学生はいました）。

　それでも、私がこれまで触れたことのないテーマや、学校現場で子どもと直接関わる中で見出した課題を学生が提案したりすると、とても刺激を感じます。学生が選択したテーマを指導前に勉強する中で、先行研究の論文を読み込んでしまうこともありますし、学生と一緒に論文のストーリーを考えていると、あっという間に時間が過ぎていることもあります。

3) 教員採用試験対策

　私立大学の教育学部では少子化による学生市場の縮小に加え、今後も学校の正規教員の採用数の減少が見込まれる中で、「何人の学生を教員採用試験に合格させるか」というのを避けることはできません。比較教育学を専門にされている方は、「もっと自由に進路を選べばいいのに」と思われるかもしれませんが、本音としてはそうでも、大学が生き残るためには仕方がない部分もあります。

　こうした背景から、できるだけ多くの学生を教員採用試験に合格させるために、教職教養、一般教養、教科専門、実技、小論文、面接・場面指導、集団討論などの対策を求められますし、私自身もこれらのほとんどに関わっています。こうした業務の中では、比較教育学に関わる経験が求められることはほとんどなく、主に日本の教員養成や教員採用試験対策に関する情報を収集し、課題に対応する必要が出てきます。また、前述の通り、私立大学の場合、特定の科目のみを受験して入学してくる学生も多く、学生の苦手科目を克服することに時間をとられる場合もあります。

　このように私立大学における教員養成では「比較教育学とは関連の薄い取り組みにどこまで時間・労力を費やすか」ということは、若手教員にとっては頭の悩ませどころになります。「学生の教育にはしっかり力を入れてあげたい」と思う一方、「もっと自身の研究を広げる／深める時間がほしい」という気持ちも浮かび、モヤモヤすることもあります。

6.　学生の関心を掘り起こす

　このように「研究の時間は一応確保できるし、個々の授業では比較教育学の要素を盛り込めないわけではないけども、業務全体を見ればそれらはほぼ求められていないようにも見える」という微妙なバランスの中で、自身の研究や教育のスタンスへの気持ちも揺れ動きます。また、比較教育学に関連する自身の経験は学生の学びにどのように貢献できるのか、を考えることも多々あります。

　個人的には、学生に対して「勉強や採用試験も大切だけど、旅行でもいいから積極的に海外を訪問して、実際に様々なことを体験し、視野を広げて将来の教員としての人生に生かしてほしい」という気持ちがあります。しかし、学生自身が持つ海外に対する関心も決して小さくはないし、訪問する意欲も持ってはいるものの、そうした気持ちを実際の行動に移すには様々な障壁があります。

　まず「学生自身の忙しさ」というのは外すことはできません。1・2年生の間は教員免許に必要な単位を取得するのに忙殺され、3年生前半で教育実習、3年生後半から4年生半ばにかけては教員採用試験、4年生後半には卒業研究に集中する、というのが本学の多くの学生のパターンです。また、その時間の合間でアルバイトやボランティアに取り組んでいるし、異なる学校種の免許を取得する場合（小学校＋中学校英語、中学校国語＋特別支援学校など）、3・4年生でそれぞれ1回ずつ教育実習に参加します。そうした状況なので「海外に対して関心はあっても、それを行動に移す余裕は持てないのではないか」という気持ちになります。もう一つは「関心はあるけれども、英語もできないし、海外に行くのに漠然とした不安がある」というものです。自分の語学力に自信がなかったり、海外の情報を得るためのノウハウがなかったりするため、海外のことに触れるのに積極的に踏み込めない、という学生も一定数見られます。

　一つ目の学生の忙しさはどうしようもありませんが、二つ目の不安への対

処やノウハウの提供は、比較教育学研究者が得意とするところだと思います。こうした学生の不安を生かしつつ、学生の経験・学びを深める取り組みとして、2018 年度に「教職課程における『学生の実体験』の記録に基づいた国際理解教育の教材開発」というテーマを設定し、大学の学術調査研究活動の助成金を活用して、学生をマレーシアに連れていきました。「海外に慣れていない学生を実際に連れていき、現地での各自の活動や成長、気持ちの変化などを記録し、国際理解教育のための教材として整理することで、より子どもに親しみやすい教材を作成するとともに、学生の国際理解の意識を涵養する」ことを目的とした企画です。ほとんど海外渡航経験のない学生が自分で旅程を作成し、主体的に行動するとともに（**表Ⅲ-9-1・写真Ⅲ-9-1**）、現地の学校を訪問し、生徒に対して折り紙等のプレゼンテーションを行う機会もいただきました（**写真Ⅲ-9-2**）。特に子どもとの関わりでは、研究しかしてこなかった私よりも学生の方がコミュニケーションに長けていますし、言語的な課題は

表Ⅲ-9-1　マレーシア研修での 1 日の旅程の概要

時間	内容	場所	交通手段
10:00	中高一貫校訪問 （授業参観・授業実践）		バス
13:00	休憩	ホテル	バス
15:00	昼食	KLCC 水族館付近	バス、徒歩
15:30	通行人へのインタビュー	KLCC 公園	徒歩
17:00	観光	KLCC 水族館	徒歩
18:30	観光	パビリオン（ショッピングモール）	徒歩
22:00	ミーティング	ホテル	徒歩

出典：中島悠介ほか「教職課程における「学生の実体験」の記録に基づいた国際理解教育の教材開発—マレーシアでの実地研修を通して—」『教育研究』第 45 号、大阪大谷大学教育学部、2020 年、29-51 頁。KLCC は Kuala Lumpur City Centre の略。

写真Ⅲ-9-1　現地での活動の様子

写真Ⅲ-9-2　現地の学校での活動の様子

あっても、ジェスチャーや表情を豊かに用いて積極的に現地の人々と意思の疎通を図っていました。実際にそうした機会を設定できれば、学生もしっかりと取り組めるんだな、と感じました。

7. 結びにかえて

　このように、私立大学の教員養成と比較教育学の関わりを振り返ってきましたが、初職に就くために大切なのが「広く研究関心を持つ」ことだと思います。実際に就職して教職課程の科目を担当する時に備えて、大学院生が今後考えておかなければいけないのは、教職科目に対応するための研究業績をいかに出していくか、いかに学生（特に学部生）の幅広い関心に対応できるようになるか、ということになります。

　大学院生といえば、「とにかく自身の研究テーマをしっかり深めて業績を出す」ことに集中しがちですが、「それに加えて」自身の研究の周辺領域をにらみつつ、広く業績を出しておくことも大切かと思います。例えば、「学生時代は手をつける余裕はないけれども、将来的には取り組みたい」ようなテーマは、研究のタネとして研究ノートで発表しておいたり、他の先生方からお誘いいただいた研究に積極的に参加し、成果として公表したりすることもできます。私自身も、再課程認定で求められる研究業績の関係で、アラブ首長国連邦の道徳教育について研究ノートにまとめたところ、それを目にした方々からいろいろなお誘いを受けることになって研究の幅も広がりましたし、「どこで何がつながるかわからないな」と実感しています。

　もう一つ大切なのは、「自分が置かれた環境で努力する」ということです。私立大学の教育学部は必ずしも比較教育学が存在感を発揮できる環境ではありませんが、授業の端々に比較教育学の要素は入れられます。また海外の教育に対して潜在的な関心を持っている学生は必ずいますので、そうした学生が積極的に取り組めるような仕掛けをつくることも、今後の大学教員・研究者としてのキャリアを考えるうえでは大切なんじゃないかな、と思います。

第10章 理工系学部教職課程教員となった 比較教育学研究者

森下 稔（東京海洋大学）

1. はじめに

比較教育学を学ぶ人の就職先の一つとして、教職課程担当教員があります。戦後の教員養成制度改革以来、教員養成の基本理念は開放制であるため、理工系学部にも教職課程がおかれることが多いのです。その場合、教職課程認定基準に基づいて、教職に関する科目を担当する専任教員が必要であり、理工系学部も比較教育学を学ぶ人にとって就職先の候補となります。以下では、セカンド・キャリアとして理工系学部における教職課程教員を務めている筆者の経験に基づいて、比較教育学研究者が理工系学部教職課程教員になった場合の業務や研究に関して述べ、若手研究者の参考に資するようにしたいと思います。

2. 東京海洋大学海洋工学部教職課程の概要

筆者は身分としては学術研究院なる教員組織に属していますが、業務としては海洋工学部教職課程の担当です。同学部は、旧東京商船大学を前身として、2003年に旧東京水産大学との統合により発足しました。海事システム工学科・海洋電子機械工学科・流通情報工学科の3学科からなり、入学定員は160人です。認定を受けている教職課程は、高等学校教諭一種（商船・工業）です。開放制であるため、一般の学生にとっての免許取得は選択ですが、海

洋電子機械工学科機関システム工学コース商船教員養成コース (定員 2 人) の
み教職課程が卒業必修となっています。教職課程科目は 1 年次後学期から開
講されます。入門科目にあたる「現代教師論」の履修者数は平均 20 人で、4
年次教育実習には平均 10 人程度が残ります。なお、商船の免許を取得する
学生は水産・海洋系高等学校 (全国 44 校)、海上技術学校 (4 校) で教育実習を
行います。普通科出身の学生は、必然的に母校ではない高校等での実習とな
ります。

　免許教科が特殊であるため、以下に述べる業務内容は理工系学部教職課程
教員として典型的な事例ではないとも言えます。しかし、どの大学にもそれ
ぞれの特殊な面はあるのではないでしょうか。

3.　教職課程の 1 年

　理工系学部教職課程教員の事例として、筆者の業務を年間スケジュール
で見てみましょう。まず、前学期には、教育実習事前事後指導 (4 年次)、教
育原理 (2 年次) を開講します。3 年次の授業は非常勤講師に依頼しています
が、次年度の教育実習先調整が必要で、4 月から 6 月ぐらいまでかかります。
1 年次には、6 月頃に教職課程ガイダンスを行います。近年は、全国水産高
等学校校長協会の協力を得て、現職教員によるキャリアガイダンスを内容と
して含むようにしています。4 年次は教育実習に行くので、5 〜 6 月に教育
実習先を訪問します。実習指導ばかりでなく、教員採用・学生募集・免許更
新講習に関することなど、訪問先での校長等との懇談は話題が多岐に渡りま
す。夏期休業明けには、4 年次の教職実践演習が開始されます。本学部では、
4 年次の 1 月から 3 月まで船舶実習が組まれており、12 月までに卒業論文を
終わらせる必要があることから、教職実践演習は通年集中科目として特別に
認定を受けています。この演習の一部は、福島県立いわき海星高等学校での
1 泊 2 日のフィールドワークです。10 月になると後学期が始まり、現代教師
論 (1 年次)、教育方法学 (2 年次)、比較教育制度論 (2 年次) を開講しています。

　また、9月から11月にかけて4年次の教育実習先訪問があります。秋に実習を行う学生がいるのは、学生が船社をはじめとする企業への就職活動との時期的な重複を避けたい場合や、水産・海洋系高等学校の年間計画との兼ね合いで指定される場合などがあるからです。

　加えて、随時、教職課程科目非常勤講師の手配、来訪者対応（都道府県教育委員会や、水産・海洋系高等学校）の業務があります。

　このように、オンキャンパスで行う教職課程の授業に加え、教育実習や教職実践演習で国内の水産・海洋系高等学校を訪問する機会が多くあります。各地の学校の様子を見たり、話を聞いたりすることで、日本の学校教育の実際について学ぶ貴重な機会となっています。

4. 教職課程以外の主な学内業務

　教職課程担当であっても、学部・学科に属していることから、他の専門科目担当教員と同様に学内業務を担います。

　一つは、大学の管理運営面です。具体的には学内の各種委員会の委員としての業務です。筆者の場合、学部教務委員会には毎年度必ず入っています。どの大学でも教職課程を運営するための委員会組織を作らなければなりませんが、教職課程専用の委員会を作らずに、教務委員会が兼ねることになっているためです。委員歴は20年になりました。この委員会の下に修学アドバイザリー小委員会が置かれています。初年次教育の一環で、GPAによって成績不振学生を抽出し、個別面談によって学修状況を確認しつつ、改善のための助言を行うものです。海洋工学部では2004年度から開始され、2015年度からは文部科学省の指導により、全国の国立大学で実施されるようになりました。筆者は学部の中でたった一人の教育学者ですから、制度構築から実施に至るまで関わることになりました。気がつけば、小委員会の委員長歴が10年を超えてしまいました。その他にも、学科選出の各種委員会の委員もあります。時には、学年担当と言って、4年間持ち上がりの担任のようなこ

ともすることがあります。さらに、月1回の学部教授会や学科会議にも出席しますが、どこの大学でも同様でしょう。

　二つ目には、社会貢献の面があります。大学として学外の機関・組織・団体と連携して行う事業が多々あるところです。そのうち、筆者が担っているのは、地域の公立小学校の「総合的な学習の時間」に関連した連携事業である「東京海洋大学サイエンス教室」のコーディネートです。「総合的な学習の時間」とはどのようなものか、地域と連携する開かれた学校とは何かというような小学校側の事情については、教育学者でなければ分からないと言うことで、任せられることになりました。筆者自身は、児童に講義をすることはありませんが、企画運営を担っています。

　さらに、教職課程以外の授業も受け持っています。初年次教育科目や教養教育科目を中心に、教職課程科目と同じぐらいのコマ数をこなしています。最も時間を割いているのは、全学導入科目の「日本語表現法」です。1年次の必修で、学科別のクラス編成ですから週3コマあります。毎回の授業で何らかの日本語の文章を書かせることもあり、各学科クラスに一人ずつ非常勤講師に入ってもらい、チームティーチングで授業を進めています。主として教育学が専門のポスドクの人に担当してもらっています。その副次的効果で、教職課程の公募に彼らが応募したときに、日本語表現法の教科書執筆の業績や授業担当の教育歴が有利に働いた事例がありました。つまり、初年次教育科目や教養科目を担当できること、言い換えると守備範囲が広いことが大事なのだと分かる一例だと思います。

　以上のように、教職課程本来業務以外のことを詳しく説明しました。実は、理工系学部での採用人事では、選考委員の教授陣にとっては、研究業績については著書・論文の数ぐらいでしか評価ができません。教職課程の授業や運営以外のことで、どれだけの仕事を任せられるのかについては、非常に理解しやすいし、関心もあります。幅広く対応できる資質や能力を業績や経歴で説明できるようになることが、採用されるための戦略だと思われます。

5. 仕事の実感

　理工系学部教職課程教員の仕事は意外と楽です。というのは、教職課程は実質的に筆者一人に任されており、会議の必要がないのが楽な面と言えます。ちなみに教育心理学の授業担当者が別にいますが、教職課程の仕事はしていません。教職課程を履修する学生は4学年全体でも50人程度で大した人数ではなく、全員把握できています。その中で教員採用試験を受ける学生は数年おきにしか現れません。学科の専門科目は担当しないので、卒論、院生、留学生の指導については、門戸は開いておく必要があるものの、実質上はしていません。理工系学部であるからかどうかは定かではないのですが、教員室が広く（33㎡）、それとは別にゼミ室（19㎡）も確保できています。理工系の教授陣は、思考様式において割り切りが早く、人間関係は淡泊だと普段から感じています。

　逆に、シンドイのは、仕事を手伝ってくれる人がいないことです。つまり、細かいことから大きなことまで一人でこなさなければいけません。その結果、部屋が片付かない現象に結びつきます。教職課程の宿命として、年度によって課程認定の業務が発生しますが、その仕事も一人で全部することになります。また、普段から、課程認定で科目ごとに合格できるように業績を計画的に作っておく必要があります。

6. 研究・現地調査についての自由度の高さ

　理工系学部では、研究基盤は期待できません。つまり、職場に研究について議論する同僚はいない確率が高いです。自分の研究費で購入した図書以外に図書館の蔵書は期待できません。また、指導学生もいないので、研究を補助してもらうこともできません。ただし、配分される研究費は理系基準であり、年々配分額が減り続けているとは言え、文系よりも遥かに恵まれています。具体的には、1999年には65万円あったものが、2019年は40万円でした。

　職場の同僚で筆者の研究内容に関心をもつ人は残念ながらいません。成果を上げても、上げなくても、無関心です。ということは、逆に言えば誰かに承諾を得たりすることなく勝手にできるということです。したがって、スケジュールを誰かに相談する必要がないため、学会出席を最優先にすることもできるわけです。さらには、研究費さえあれば、休業期間中の現地調査には自分の考えだけで行くことができます。滞在費が高額になる場合や、調査期間が長期になる場合には科研費に採択されることが必要です。

　科研費の申請は教員の義務となっています。それは、国立大学であるためかもしれません。本学に着任してから、幸いなことに代表者としてほぼ連続して採択されてきました。準備の時間の融通が利くからか、国立大学からか、取りやすい状況にあるのかもしれません。2002年度に若手研究 (B) が採択されて以降、基盤研究 (C) に 3 回、基盤研究 (B) に 1 回、基盤研究 (A) に 1 回というのが過去の実績です。

　研究代表者としての採択ばかりでなく、研究分担者としても積極的に参加してきました。依頼されたり、誘われたりしたら断らないというのがモットーです。比較教育学研究者の生命線とも言える現地調査にいくためには、研究業務として外国出張の旅行命令を受ける必要があります。旅行命令伺の書類を提出するためには、旅費をまかなえる研究費があることが前提となります。科研費を研究代表者および研究分担者として獲得することは、理工系学部で比較教育学を続けていくために不可欠だと考えます。

7.　大学教員を採用する側の立場から

　教職課程担当教員の公募を作る立場の教員としては、課程認定における教員審査に合格できるという条件を設定することは必須です。同時に、大学院を有する大学では、博士前期課程の指導担当合格 (いわゆる修士マル合) の研究業績が求められます。前者は中央教育審議会教員養成部会による審査で、後者は大学設置審議会による審査にあたります。そのため、審査基準は異な

ります。大学院で博士論文執筆を目標に研究を深めていけば、後者について
は条件を満たせることになるでしょう。比較教育学を学ぶ人が、開放制の教
職課程への就職を目指すためには、課程認定審査基準を満たすための業績作
りも欠かせません。

　本書執筆時において最新の教育職員免許法（2016年改正）と審査基準に基づ
きながら、概要を見ていきましょう。このときの法改正に基づいて、2019
年度入学者以降については全国一斉に再課程認定が行われました。その当時
の文部科学省が配布した資料を見ておく必要があるでしょう。それらは、文
部科学省のホームページで誰でも閲覧・入手することができます。このとき
の特徴は、審査対象のすべての科目について、各科目に含めることが必要な
事項が「教職課程コアカリキュラム」に示されたことでした。シラバスで網
羅されていなければならないのです。そして、教員審査では、コアカリキュ
ラムとの関係で、授業内容の主たる内容から見て、担当教員として十分な能
力があるのかが問われます。具体的に「教育に関する社会的、制度的又は経
営的事項（学校と地域との連携及び学校安全への対応を含む。）」に対応する科目で
は、コアカリキュラムで「①教育に関する社会的事項、制度的事項、または
経営的事項」、「②学校と地域との連携」、「③学校安全への対応」とされてい
ます。なお、各項目の下位に示されている個々の要素の一つ一つを網羅する
ことまでは求められません。例えば、担当する授業科目が①のみであり、他
の授業科目で②と③がカバーされているような複数科目が必修となるカリ
キュラムになっていれば、比較教育学を学ぶ人の多くは審査合格になるで
しょう。ただし、理工系学部では、必要最小限の科目構成になるのは宿命な
ので、1科目2単位で①②③のすべてを網羅するシラバスとなり、そのすべ
てに対応する活字業績がなければ、教員審査で不合格になります。この場合、
業績として求められているのは、10年以内の著書・学術論文などの「印刷物」
であって、査読の有無や業績数などの基準はありません。そのため、一つの
業績でも①②③の授業内容をカバーできていれば足ります。教科書向きの著
書がこれにあたります。複数の学術論文等の業績で、合わせ技という場合も

あるでしょう。

　これらの授業科目担当の能力と、研究上の高度な能力は、業績を積んでいく上で全く方向性が異なります。博士の学位はあるのに、教職課程の公募で成果が出せない人が出てくる要因ではないかと考えられます。

　加えて、理工系学部では、唯一の教育学者として大学の教務・入試・学生支援など教育業務全般に渡って当てにされる傾向が強いと思われます。初年次教育や教養教育についても科目担当を求められるでしょう。それらの期待が公募文書に表れていることも多々あるでしょう。一心不乱に自分のテーマの研究だけを追究するのではなく、守備範囲を広くすることが求められます。

8.　若手研究者のみなさんへ

　理工系に限らず、開放制の教職課程では、幅広い科目担当ができることが最終選考の決め手となります。「教職課程コアカリキュラム」を見ながら、業績を積み重ねておきましょう。満足いく論文の仕上がりでなくても、業績の有無だけが問われる世界だということは踏まえてほしいと思います。特に、「生徒指導」「進路指導」「特別活動指導法」は審査が厳しいので、担当教員の差し替えを文部科学省から求められることが多々あります。ということは、逆に狙い目であるということです。科目に関連する業績があると非常勤講師としての授業担当の可能性が高まり、それで教育歴がつけられます。開放制の教職課程は、教育学研究者であればよいので、比較教育学を学ぶ人だけの職場ではありません。だからといって、何も遠慮することはないのであって、自分のフィールドを題材にして、教育の理念・思想・歴史から生徒指導や特別活動まで、あるいは幼児教育から中等教育まで業績を作っていけば、教育学の他分野よりも優位に立てます。ポストの数に限りがあっても、比較教育学を学ぶ人で占めてしまえばよいというのが筆者の考えです。

第IV部

ワークライフバランスをどう保つか
(初職〜セカンド・キャリアの壁)

第11章 「ライフワークバランス」を中心に

江田英里香
（神戸学院大学）

1. はじめに

ワークライフバランスとは、内閣府によると「国民一人ひとりがやりがいや充実感を感じながら働き、仕事上の責任を果たすとともに、家庭や地域生活などにおいても、子育て期、中高年期といった人生の各段階に応じて多様な生き方が選択・実現できる社会」と定義されています。つまり、仕事と家庭をはじめとするプライベートをそれぞれ充実させることと解釈できます。

大学教員として働き、保育園児から小学校6年生の4人の子どもを育てる私には、この仕事と家庭をそれぞれ充実させるといった働き方では1日24時間では到底足りません。仕事を家庭に持ち込み、研究に家族を巻き込んでようやく成り立つ私のスタイルは、言わば公私混同の極致かもしれません。

仕事と家庭をそれぞれ充実させるのがワークライフバランスならば、私の様な公私混同の極致のスタイルは「ライフ」前提の「ワーク」となります。ここでは、それをあえて「ライフワークバランス」と名付け、「家庭と仕事の公私混同により絶妙なバランスで綱渡りすること」と定義し、この様な状況をどの様に乗り切ってきたのか述べていきます。

西暦(年)	2001	2002	2003	2004	2005	2006	2007	2008	2009	2010	2011	2012	2013	2014	2015	2016	2017	2018	2019	2020
年齢(歳)	24	25	26	27	28	29	30	31	32	33	34	35	36	37	38	39	40	41	42	43
学位取得(1)	大学院前期課程		大学院後期課程						満期退学								博士号取得	単著出版		
アカデミックポスト(2)						八洲学園大学 専任講師							神戸学院大学 専任講師				准教授			
カンボジア渡航 単身	●	●	●	●	●	●	●				●		②				●	●	●	
カンボジア渡航 家族連															●					
ライフイベント(3)					結婚			長男出産／育児休業(1年間)①			長女出産／育児休業(1年間)		次女出産／育児休業(3ヶ月)		③	次男出産／育児休業(9ヶ月)			ワンオペ4人育児	
夫の動き(4)								マレーシアにて単身赴任						育児休業2年2ヶ月		育児休業2年10ヶ月			山梨にて単身赴任	
我が家の居住地	独身時代 兵庫県神戸市					山梨県							兵庫県神戸市					山梨県と神戸市		

* 波線は、研究に対するモチベーションを示しています。

図Ⅲ-11-1　私のこれまでの歩み

2. これまでの歩み

1) 研究と仕事と社会活動　※図Ⅲ-11-1 (1) (2) を参照

　私は、神戸大学大学院博士前期課程からカンボジアをフィールドとし、同大学院博士後期課程ではカンボジアの教育開発、とりわけ「地域住民が小学校運営の意思決定にどの程度参加しているのか」を中心に定性調査による研究を行ってきました。2003 年に博士後期課程に進学し、2008 年度に満期退学、2016 年度に学位を取得しました。この博士論文をベースとし、2018 年に単著『カンボジアの学校運営における住民参加』(ミネルヴァ書房) を出版しました。

　大学院博士後期課程在学中の 2006 年には、横浜にある通信制の八洲学園

大学で専任講師としての仕事を始め「海外実習」や「体験活動」について教鞭をとりました。2014 年からは、兵庫県神戸市にある神戸学院大学にて、「国際協力」や「ボランティア」といった私の専門とする分野について教鞭をとり、現在に至ります。

　また、研究したことを現場にフィードバックできる場として、カンボジアのノンフォーマル教育支援を行う団体の事務局として運営に携わっています。子どもを連れてスタディツアーのコーディネートをすることもあります。

2) 学位取得までの葛藤　※図Ⅲ -11-1 (3) (4) と波線を参照

　私は、博士後期課程在籍中に就職、結婚し、第一子を妊娠、出産、その後第二子を出産した年に満期退学をしました。その後、第三子を出産してすぐに神戸学院大学に異動し、第四子の育児休業中に急ピッチで博士論文をすすめ、満期退学から 5 年目でようやく学位を取得しました。私の場合、博士後期課程進学から学位を取得するまで実に 14 年かかったことになります。妊娠や出産を繰り返す中で、何度も学位取得を「続けるか」「諦めるか」の葛藤に直面しました。図 1 に示す波 (①〜③) は学位取得に対するモチベーションを示したものですが、下がっている時には大きな葛藤があったことを意味します。

　結婚後の大きな波 (①) は、第一子出産から第二子出産前まで続きました。この時は、山梨に在住しながら横浜に片道 2 時間かけて通勤をしていた時期です。出産直前から夫はマレーシア政府派遣留学生の予備教育派遣教員として 2 年間マレーシアへ単身赴任しており、夫不在で出産、育児、仕事を様々なサポートを受けながらなんとかこなしていました。この 4 年間はカンボジア調査は勿論のこと、カンボジアに行くことすらできず、研究を進めることができませんでした。夫の帰国後、第二子を出産した後の波 (②) は、家族が増え、家事育児の負担も大きく、勤めていた大学での仕事の状況や片道 2 時間通勤の負担を考え今後の進退を検討していた頃です。

　最後の波 (③) は、神戸学院大学に異動し研究熱が高かったものの、第四子

妊娠がわかった時でした。この前に、私が神戸学院大学に異動したことと第三子出産後ということが重なり、夫が約2年間の育休を取得し、家事と育児を専業主夫として担っていました。第三子の育休が終わると夫は山梨県で職場復帰を、私は神戸で仕事をしながら子どもたち3人を育てることになっていました。しかし、仕事をしながら、ワンオペでもう1人増えた合計4人の子どもたちの育児をし、博士論文を書き上げることは到底できそうにありませんでした。何とか博士論文を書き上げるための方法はないかと藁にもすがる思いでした。

　これらの波を乗り越え、14年かけて何とか学位取得に到達することができました。現在は大学での仕事をしながら、ワンオペで4人の子どもを育てています。それが可能になったのは、「家庭と仕事の公私混同」つまり私なりの「ライフワークバランス」をとってきたからだと考えています。次節以降は、それを可能にする要因についてまとめます。

3.　「ライフワークバランス」のとり方——**「ワンチーム」を内から支える**

　私の「ライフワークバランス」は、夫や子どもを巻き込んだ究極の「家庭と仕事の公私混同」よって成り立っています。子どもたちも含めた家族という「ワンチーム」を形成し、「One for all, All for one」でお互いを支え合うことで、これまでの様々な局面を乗り越えてきました。その「ワンチーム」を形成し、内から支えることができたのは我が家なりの視点や方法があったからです。

1) 夫婦の在り方

　夫婦の在り方はそれぞれだと思いますが、私たちの夫婦は、お互いを尊重すること、そして面白がる視点を持つこと、の2点を大切にしてきました。

　前者のお互いを尊重することについて、結婚後もやりたいことを続けてほしいし、私も続けたいという思いが強かったこともあり、夫が希望していたマレーシア赴任の後押しをしました。逆に、夫は私の学位取得やそのための

カンボジア調査なども積極的に協力してくれました。

　また、後者の面白がる視点を持つことについては、夫婦共に好奇心が旺盛で、変化を楽しむことができたからだと思います。夫婦共に旅行が好きという共通点を持っていたこと、カンボジアやその他の地域を訪れ、肌で感じた「違い」を比較教育で培ってきたことが役立ちました。

　見知らぬ土地でのワンオペ育児、海外赴任、家族同伴での国内外の出張や、夫の5年に渡る長期の育児休業取得などは、この2つの視点があったからこそ可能になったのだと思います。

2) 家事や育児は夫婦で担う

　私たちはお互いの親元から離れて暮らしているため、里帰り出産時期以外の子育てを親に頼ることは容易ではありませんでした。そのため、夫婦二人で解決できるように力を尽くそうと決めました。

　山梨で暮らしていた時には、主に私が家事や育児を担っていましたが、朝食は夫が作り、第二子の長女の夜中のミルクも夫が担当してくれました。週末の仕事や学会などで留守にするときには、夫が家事と育児を担い、週末に夫が子どもを1日中外に連れ出すこともありました。意図的に私一人だけの時間を作ってくれることで、家事や仕事を進めることができたのは言うまでもありません。夫が専業主夫になってからは、幼稚園児のためのお弁当作りや幼稚園への送迎、乳幼児の育児など、日中の家事育児のほとんどを夫が担いました。

　一人暮らしの経験がお互い長かったことと、夫が多子家族で育ち、甥や姪の面倒を見たりしてきたことが役立ちましたが、最初から協力的だったわけではありませんでした。出産に立ち会ったり、私なりの育児に対する思いを力説したり、半日、1日、2日、そして1週間と育児を任せる期間を少しずつ長くしたり、思い切って乳児の育児を全面的にお願いしたりした結果、子どもを持つことや育児の大変さを身をもって感じ、協力してくれるようになりました。また、夫婦でやりたいことをやるためにはこの方法以外はないと

お互いが認識したことも大きかったかもしれません。

3) 仕事も「ワンチーム」で

　私たち夫婦は、家族はできるだけ同じ時間を共有したいと考えています。特に子どもが幼い間は私たちが見ている風景を子どもにも見せたいし、様々な経験もしてもらいたいと考えています。共働きの我が家ではそのための時間をわざわざ作るのは難しいため、私たちと行動を共にすることでそれを可能にしてきました。そのため、できる限り①調査や出張への家族同伴、②大学のイベントや授業に家族が参加、といったことを積極的に行ってきました。

①国内外の調査や出張への家族同伴

　私は、可能な場合には積極的に家族を同伴することにしています。国内での出張では、日中に私が仕事をしている間は、夫と子どもたちは出張先の観光地を巡ったり、公園であそんだりし、仕事の後に合流する形をとります。カンボジアの研究調査などでは、NGO のスタディツアーと同日程で調査日程を組み、日中に私が研究調査をしている間は、夫と子どもたちは NGO のスタディツアーに参加し、その日の行程終了後に家族で過ごすといった形で、これまで国内外の調査や出張への家族同伴を可能にしてきました。

②大学のイベントや授業に家族が参加

　大学では「地域に開かれた大学づくり」の取り組みとして、一般参加可能な講演会や、子どもを対象にしたイベントなどを実施しています。また、授業の一環で学生がイベントを運営することもあります。これらのイベントに運営側として私が関わり、子どもが参加者として参加することで、仕事をしながら子どもたちの様子も見ることができ、また、子どもたちも楽しむことができます。子どもたちにとっては、教員としての私を見ることで、仕事への理解や、私の職場を身近に感じたりすることにもプラスに働いています。

4. 「ライフワークバランス」のとり方——「ワンチーム」を外から支える

前節の様に家族が「ワンチーム」になれるような工夫をしてきましたが、「ライフワークバランス」を実現可能にするには、それ以外の「ワンチーム」を外から支える次の重要な要素もありました。

1) 制度を最大限利用する

①育児休業取得

育児休業の取り方はライフスタイルによって変えることができます。我が家では第三子・第四子において 3 つの形式で育児休業を取得しました。

一つ目は、夫の育児休業取得です。2013 年第三子が誕生すると同時に私の神戸学院大学での採用が決まりました。夫は山梨県の公務員として働いており、山梨または近隣県で暮らす必要がありました。私が神戸で仕事をするためには、私か夫のどちらかが単身赴任をしなければなりませんでした。家族が一緒にいられる方法を考えた結果、夫が育児休業を取得し、神戸で育児期間中に期間限定の専業主夫をすることで落ち着きました。この期間中、夫が家事や育児を担当することにより、家事や育児が私主体から夫主体へと変わっていったことは、我が家にとって大きな変化でした。

二つ目は、2 回目の夫の育児休業取得です。公務員は最長で子どもが 3 歳の前日まで育児休業を取得することが可能となっており、夫は第三子の育児休暇を 2014 年 4 月から 2016 年 3 月までの 2 年間取得する予定でした。育児休業取得中に第四子の妊娠がわかったため、2016 年 6 月まで育児休業を延期し、6 月に第四子が誕生した後は新たに第四子の育児休業を 2 年 10 か月取得しました。通算すると合計で 5 年間育児休業を取得したことになります。

三つ目は、夫婦でのダブル育休取得です。夫が第四子の育児休業を取った理由は、家族が一緒にいられる方法を模索したためと、私の学位取得のためでもありました。4 人の子どもをワンオペで育てながら、仕事と学位取得を目指すことは不可能だと判断したため、夫と私の両者が育児休業を取得する、

夫婦でのダブル育休を選択しました。ダブル育休中には、夫は上の3人の子どもたちの育児と家事を担い、私は出産した次男の育児（授乳や寝かしつけ）と産後の体の回復、そして論文執筆に時間を費やしました。常にやらなければならない授業や大学業務がないことで、博士論文に物理的にも精神的にも向き合うことができ、育児休業中に学位を取得することができました。

　②ファミリーサポート

　2009年、夫がマレーシア赴任中に職場復帰した私は、頼れる友人も家族もいない土地でワンオペ育児を1年間経験しました。山梨の自宅から横浜の職場までの通勤に片道2時間かかっていたため、ファミリーサポート制度（子育て中の人が仕事や急用で子どもの世話ができないときに、地域の人がサポートする相互援助活動）を利用し、帰宅が遅くなる場合の子どもの保育所へのお迎えとその後の育児をお願いすることにしました。

　担当となったのは、定年退職をした夫と介護福祉士の妻というご夫婦で、息子を孫の様に可愛がり、温かい食事やお風呂まで世話をしてくれました。見ず知らずの私に対しても娘の様に接してくれ、このご夫婦との出会いは、知らない土地を愛着のある土地に変えてくれました。他人に子どもを預けることには抵抗もありますが、友人や親にも頼れない場合には制度を最大限利用して頼ることも大切だと学びました。

2) 周りを味方につける

　制度があってもそれを運用するのは現場の人たちです。そのため、育児休業などはその職場の組織や文化、雰囲気、前例など様々な要因によって取得可能か否かも異なります。

　私が育児休業を取得した時は、両大学共に学部内に育児休業を取得した教職員は皆無でした。そのため、担当授業やゼミの学生についての調整は必要となったものの、職場の先生方からは「家庭を優先に」「育児休業をしっかりとって体力の回復を」「今できることをしておきなさい」などといった後押し

をもらい、育児休業を最大限とることができる様な配慮もしてもらいました。また、様々な理由で育休中に子どもを連れて研究室に行くこともありましたが、職場の方々には私にも子どもたちにも温かく接してもらいました。

　日ごろから職場で良好な関係を築き、周りの人たちに味方になってもらうことは、重要なことだと改めて思いました。

3) 物理的な距離を短く

　神戸学院大学に異動し、引っ越しをした時には、自宅から職場までの物理的な距離を重要視しました。当時は、生後4か月の第三子の授乳をしながら仕事をしており、自宅で過ごす時間を少しでも長くとりたかったため、職場まで徒歩15分弱のところに自宅を構えました。通勤時間を短くすることで、第三子の授乳以外にも子どもたちとゆっくり過ごしたり、家事をしたりすることができました。また、子どもたちの学校区内に職場と自宅があることで、災害などの有事の際にも敏速に対応できる安心感があったり、何かあった時に子どもたちが職場に来られる状況を作ったりすることができ、特にワンオペ育児において物理的なメリットは大きいと感じています。

5. 自身の経験からの学びと皆さんへのメッセージ

　これまでの私の歩みは、仕事ややりたいことを認め、その「私スタイル」を尊重し続けてくれる夫がいるからこそ成り立っています。また、あきらめずに学位取得の背中を押し続けてくれた指導教官の山内乾史先生（神戸大学）と川嶋太津夫先生（大阪大学）、子育てをサポートし続けてくれた両親やファミリーサポートさん、また仕事と育児の両立を理解してくれる職場の方々の理解や協力なくしては、ここまでできなかったと断言できます。つまるところ、私は制度を最大限利用し、そして、意識的かつ無意識的に多くの人たちを巻き込んで、さらには「家庭と仕事の公私混同」を極めることで家庭と仕事の両輪を回すことができているにすぎません。

　新型肺炎コロナウィルスの感染拡大により、2020年3月から5月まで学校が休校、保育園や幼稚園が休園となり、子どもたちの24時間自宅滞在が余儀なくされました。大学の全面オンライン授業実施による在宅ワークで、私はもちろんこと、多くの女性教員が生活の間に仕事をするといった状況となりました。オンライン授業中やオンディマンド授業収録中に「お腹がすいた」と割り込んできたり、抱っこをせがんできたりする子どもたちもいたことでしょう。子どもを育てる女性教員としてはその様なコロナ禍での授業実施こそが「家庭と仕事の公私混同」となったはずです。

　女性の社会進出が求められる今、子育てと仕事を両立するためには、この様な「ライフワークバランス」も生き方の一つの選択肢になり得ると思います。そのためには、これまでの常識にとらわれることなく、それぞれの「私スタイル」を構築していくことが大切です。やりたいことを何かのせいにしてあきらめるのではなく、置かれた状況の中で精一杯やってみることで、周りの人たちも協力してくれるのではないでしょうか。

　家庭やお子さんを望まれている若い研究者の皆さん、人生は長いようで短く、そして、意外にも何とかなるものです。人生のライフイベントが充実したものになりますように、是非やりたいことにトライし続けてください。

第12章　大学に職を得てから博士論文を執筆する

伊井義人(藤女子大学)

1. 背　景

　私は、2011年7月に「オーストラリアにおける先住民教育政策：社会的公正理念の変容」というタイトルで、東北大学大学院教育学研究科に博士論文を提出しました。当時は、現勤務校でもある藤女子大学で教員として働き始めて三年目のことでした。今から、十年近く前のことです。このような一昔前の話について、原稿の執筆依頼が私に来たということは、四十代後半である私の世代以降の若い世代は、大学の教育・研究職のポストを得るには博士号取得がほぼ前提条件になってきたことを意味するのでしょう。しかし、現在でも短期大学や地方の私立大学では、博士号の取得前に早めに就職が決まるケースが残っているとも聞いています。そんな方々に、私の経験が少しでも役立てばと思い、今、この文章を書いています。

　私自身は、めぐり合わせがよく、博士後期課程の四年目が終わる頃に大学の常勤職を得ました。確かに、収入面や、大学教育者としてのやり甲斐ではプラスの側面もありました。しかし、その一方で、オセアニア地域研究という、研究者としての専門性を深化できたかというと、そうではありません。いわば、私は中途半端な研究者であると自覚しています。

　これ以降、私のキャリア紹介から、大学教員として働く中で、博士論文をどのように完成し、そして、その経験がその後、役立ってきたかを書かせていただきます。

2. 大学教員としてのキャリア

　私は、北海道出身で高等学校を卒業するまで、道内で過ごしました。その後、それまでの生活とは正反対の都会の真ん中にキャンパスを持つ青山学院大学で、学部4年間、大学院の博士前期課程・後期課程6年間の計10年間、学びました。

　大学院の博士後期課程の4年目を終える2000年に、郷里である北海道の新設大学で教職課程担当教員の職を得て、大学教員としてのキャリアを始めることができました。つまり、博士後期課程を中途退学したことになります。とは言え、私は少年期を過ごした北海道が大好きで、郷里になにか恩返しができないかと常々考えていました。そのため、これは私にとって非常にありがたい話でした。ただ、東京を去るとき、指導をしてくださった大学の先生から「若くして職を得るのはよいが、地方に埋もれてはダメだよ！」とエールをいただいたことは鮮明に覚えています。今の自分を見つめ直すと、研究者としての土台を築く道半ばにして、地方の大学に職を得ることが「埋もれる」ことに直結するとは限りませんが、やはり相当な強い意志を持っていなければ、その危険性がありますし、今の自分が「埋もれていない」と言い切れる自信はまったくありません。

　その後、2008年には藤女子大学に転籍し、そのような環境の中で、当時、科学研究費補助金の共同研究でご一緒していた東北大学大学院教育学研究科（現広島大学大学院）にいらした小川佳万先生のもとで博士後期課程に編入学し、課程博士を目指すというご縁をいただきました。既に職を得ていた私ですが、これまでジャーナル論文を書き溜めていたこともあり、それを一つの長編論文にまとめたいと思っていた頃でした。論文博士という選択肢もあったのですが、自分の実力や性格も考えてそのように決断しました。そして、博士後期課程に再入学した四年後、2011年に博士論文を提出することとなります。思い起こせば、入学試験のときは大雪で千歳空港からの飛行機

の欠航が突然決まり、スーツケースを持ち北斗星という寝台特急で仙台まで移動しました。時が経ち、博士論文提出の数日後には東日本大震災が起こり、その後の口頭試問などが延期になるなど、研究以外にも様々な困難に直面し、そのたびに先生方をはじめ、いろいろな方のサポートで乗り越えてくることができました。

　そして、もう一つ、私の研究者キャリアを語るにあたって重要なことがあります。それは、研究者であることに加え、同じ研究領域とフィールドを持つ女性がパートナーだということです。大学教員同士が生活をともにすることは珍しいことではありません。しかし研究フィールドまで同じという事例は、なかなか探せないかもしれません。また、現在の二人の勤務大学も近隣に位置して、毎日の生活をともに過ごしています。このような背景が、私の職を得てからの博士論文の執筆という面でも、大きな影響を及ぼしたことは間違いありません。

3.　時間的な制約と頭の切り替えの難しさ

　地方私立大学に勤務する大学教員は、国立大学の教員と比しても担当授業数が多い場合があります。さらに、私はその地方私立大学に勤務する教員の中でも担当授業数が多い方です（表参照）。最大で、教職課程や学科専門科目、演習、卒業研究を含めて、週10コマ程度の授業を担当していることも珍しくありませんでした。

　昨今の大学教員は、国公私立、都市・地方部、研究中心・教育中心の大学にかかわらず多忙で、学会で研究者仲間と立ち話をすると、研究の話以外にも「自分がどれだけ忙しいか」を語り合うことも珍しくありません。民間企業の世知辛さと比べれば、のんびりとした雰囲気は残っているのかもしれませんが、いずれにしても、研究をスケジュール通りに進めていくためには、時間の調整だけではなく、その目的に応じた思考法に切り替えるのが難しくもあります。

表Ⅲ-12-1　2011年の時間割（前期分のみ）

	月	火	水	木	金
1	栄養教育実習Ⅰ （分担）	特別活動 （食物栄養学科）	総合演習		
2	学校栄養教育 実習Ⅰ（分担）	卒業研究演習Ⅱ	特別活動 （人間生活学科）		
3	卒業研究演習Ⅰ	オフィスアワー	教育実習ⅠA	近隣高等学校 での授業	特別活動 （文学部）
4	教育原理			オフィスアワー	教育原理 （文学部）
5		教員採用試験 勉強会	会議		

　もちろん、時間の合間を使うことだけであれば、ジャーナルへの論文投稿の際も同様でしょう。ただ、ジャーナル論文作成を短距離走に例えることができるならば、修士論文は中距離走、博士論文は長距離走と言えます。その点で、様々な日常業務の合間に長距離走をこなしていくのは、とても難しい経験でした。

1) 授業・会議の「合間」での論文執筆

　表は博士論文を提出した2011年の私の時間割です。主担当以外の月曜日の二つの授業を除いても9つの授業を担当し、さらに学生とのオフィスアワー、近隣の高等学校での定期的な出前授業、さらには教員採用試験に向けた学生の自主的な勉強会のサポートをしていました。この他に、教授会と所属する学科の会議、その他に当時担当していた入試部委員会の会議がそれぞれ月一回、開催されていました。これらの会議は水曜日の夕方の開催と決まっていたので、一定のリズムをもって、これらの仕事をこなすことができてはいました。このように考えると、平日に丸一日、博士論文に費やす研究日は設けることができず、週末に集中して、研究時間を設けていました。

　ここでは「私はこれだけ多くの職務を担当していた」とその研究以外の業務負担を強調したいわけではありません。というのも、地方の小規模の私立

大学では、授業負担は全国平均よりも大きいことが多いですが、他の大学でも職務の質が異なるだけで、大学教員が多忙であることには変わりないからです。つまり、多様な職務がある中でも「教育（授業）者としての思考」「事務処理のための思考」「研究者としての思考」の切り替えがとても難しくも重要だということです。例えば授業内容に可能な限り、自分の研究内容を関連づけ、学生間や教員と議論を進め、これまで気づかなかった学習者からの視点を得るなどの副産物に巡り合うことも時々ありました。

2) 大学院生としてのやり取り

　私の大学院生活についてもお話しておきます。博士後期課程は、履修すべき講義や演習もなく、数ヶ月に一度、講義を休講にしたり、週末の時間をやりくりしたりしながら、指導教員との面談で仙台を訪問するのみでした。その都度、指導教員の小川先生や仲間の大学院生と研究の話ができることは、日常業務をこなすだけで精一杯だった私に刺激を与えてもらうと同時に、研究者としての初心を思い出させてくれる貴重な場でした。

　それに加えて、博士論文の提出前には、何度もメールでの添削をしていただいたことを覚えています。時には、学生の卒業論文の指導をしている最中に、私自身が博士論文の指導を受けているという状況は、複雑な心境でしたが、よい経験となりました。私の立場からは、何にも代えがたい経験なのですが、指導されていた小川先生から見れば、指導のしづらい大学院生だったのではないでしょうか。このような院生としての立場は、博士論文とは直接関係はないのですが、現在、修士課程で社会人院生を指導する立場になり、とても参考になっています。

3) 長期間のフィールドワークの難しさ

　二期制を採用している大学にとって、学生が休暇中の夏休み・冬休み・春休みは海外のフィールドワークに出掛ける絶好のチャンスとなります。

　まず冬休みについてです。私は北海道の私立大学に勤務しているので、冬

休みは本州などの大学よりも少し長く、二週間程ですが、年末年始の家族との時間を除くとフィールドワークの時間はほぼ確保できません。ただし、私の調査フィールドのオーストラリアは、年末年始に小中学校は休み中ではあるのですが、大学図書館は通常通り開館しており、文献調査を主目的として渡豪したこともあります。

　2月初旬から私が勤務する大学では春休みに入ります。しかし、2月中旬には大学入試、3月上旬には卒業判定会議、3月中旬には学位授与式（卒業式）、3月下旬にはオープンキャンパスと重要なイベントが続きます。結局は、これらのイベントのどれかをサボり、後ろめたさを感じながら、フィールドに出掛けることになるのですが、それでも長くて一週間程度でしょうか。

　そうなると、数週間、フィールド調査に出掛けるには、夏休み以外の選択肢はなくなります。8月初旬の補講や教員免許更新講習などの大学業務、お盆時期の家族との時間、そして成績提出を終えると早々に渡豪し、約3週間程度、フィールド調査を実施するのが常でした。そのように限られた期間の中で、短期集中型の調査を行う場合、事前の下準備が重要となります。顔なじみの知人への調査依頼だけではなく、新規開拓する地域や分野があれば、その依頼は数ヶ月前から開始しなければなりません。英語の文面にも細心の注意をはらい、メールのやり取りをすることになります。当然、このような下準備は授業や会議の合間の作業となります。そうなると、フィールド調査前の事務的な作業を、平日の合間にこなし、実際の博士論文の執筆は週末の少しまとまった時間にするなど、時間の使い方に工夫が必要となります。

4. 書き溜めてきた論文の整理の難しさ

　大学に職を得てから、博士論文を書き出すということは、その時点で一定数の研究業績を持っていることを意味するはずです。そんな人たちは、査読の有無にかかわらず、3〜5本程度の論文を持っているのではないでしょうか。その点では、博士前期課程からストレートで後期課程に進学してきた他

の大学院生とは違い、スタート地点では一歩先んじていると言えます。しかし、私も博士論文執筆の開始当初は、これまで書いてきた論文を「継ぎ合わせる」ことで、ほぼ事足りると甘い考えを持っていたのですが、決してそうではありませんでした。もちろん、当時の私は「学校教育におけるオーストラリア先住民の社会的公正の実現」という共通のテーマを設定し、博士論文の構成を意識して系統的に論文を執筆してきたつもりではありました。

　しかし、その時々の研究の視点や論調が微妙に異なるだけでも、単なる継ぎ合わせをしただけでは、博士論文の流れに「違和感」が残ります。結果的に、これまでのジャーナル論文を参考にはするのですが、私は博士論文の本文はイチから再構成した方が、内容的にも満足するできを導く近道となりました。そのようにこれまでの研究業績を振り返り、再構成した上で、数年先までの研究計画を立て直し、資料収集やフィールドワークを効率的に実施していくことこそが、仕事を持ちながら、博士論文を執筆する上で重要と言えるでしょう。

5. 資金的なメリット

　これまでは、職を得てから博士論文を執筆する困難さに焦点を当ててきました。一方で、メリットもありました。それは資金面です。海外を調査フィールドとする私たちにとっては、そのための資金の確保は重要です。特に、私はフィールド調査の中心地が、オーストラリアのトレス海峡の島々であったため、滞在費だけではなく、アウターアイランドと呼ばれる小さい島々の学校を訪問するには小型のセスナ機をチャーターする経費を確保する必要がありました。そのため、フィールド調査の資金すべてを賄えたわけではありませんが、最低限の実費負担で調査を進行できたのは、大学からの個人研究費（年間40万円程度）、そして、科学研究費補助金（年間80〜100万円程度）があったからです。

　幸い、博士論文執筆中も代表者として、科学研究費補助金を「若手研究B」

と「基盤研究 C」を申請し、採択されてきました。もっとも、申請書類を作成するだけで、博士論文の執筆を一時中断しなければならないほど、数枚にもおよぶ申請書類の作成への負荷はかかります。また、一度でも申請し、採択・不採択の経験がある方は身に沁みて理解されていると思いますが、申請書類の文章と研究論文の書き方は異なり、何よりも「わかり易さ」が肝要となります。その点で、「フィールドの実情はもっと複雑なのに！」という心の叫びを胸に秘めながら、ポイントをことさら強調した申請書類を作成することになります。これもまた、研究とは異なる思考法が必要になる作業でした。しかしながら、数年に一度、複雑に入り組みすぎたフィールドへの思いや考えを整理するよい機会であることは間違いありません。

　また、金銭的なメリットの面からは大学にもよると思いますが、私の勤務する大学では、博士号取得により、給与も一号俸あがり日々の生活にも少しだけ変化がもたらされたことは、最後に付け加えます。

6. 研究仲間の大切さ

　私は職場としての大学で忙しくも充実した日々を過ごしています。時には、充実というよりも、「朝、深呼吸をしたと思ったら夜を迎えていた！」と思えるほど、忙しい日もあります。しかし、心優しくも、才気あふれる同僚に囲まれ、充実した日々を過ごしています。とは言え、そのような大学の、職場としての満足度と、研究環境としての充実度とは異なります。私の勤務する大学には、総合的な学問として教育学を専門とする学科はなく、私自身、研究のことを話し合える同僚は周囲にはいませんでした。また、研究よりも、教育や学生との人間関係を重視する雰囲気が、多くの地方の私立大学にはあるのではないでしょうか。そのような環境は、学生にとって、そして大学にとっては大切なのですが、研究者としての自分を維持し、成長させていくには障害になる場合もあります。そんな時には、やはり、学内外の研究仲間が大切になることは間違いありません。

　私の場合は、特に北海道の比較教育学を専門とする仲間が殆どいなかったこともあり、その面でも、時折会うことができる東北大学の大学院生や、科学研究費補助金に関連した研究会、学会という場はとても重要でした。このような交流の場をさらに得たいと思ったのも、博士論文を執筆しようと考えた一つの理由かもしれません。

　また、先程も紹介したのですが、私には同じ研究領域をもつパートナーがいます。彼女は、私よりも早く、博士号を取得している研究上の先輩でもありました。そのため、博士論文執筆中は、彼女がとても大きな存在でした。自らの時間を惜しげもなく私の文章の推敲に費やしてくれる心強い協力者だけではなく、時には誰よりも手厳しい批評家であり、生活をともにする家族でもありました。生活と研究のメリハリがなく大変な時期もありましたが、彼女の存在がなければ、私は到底、博士論文を完成することができなかったに違いありません。

7. 職を得た後の博士論文執筆は必要か

　博士論文の執筆は、その後の研究者人生にとって、大きな影響をもたらします。最後に私にとって、博士論文を通して、得ることができた成果を述べて、この小論を締めくくります。

　まず、大学院生時代から継続している研究テーマを閉じ、新たなスタートを切る契機になったことです。先程、博士論文執筆を長距離走に例えさせてもらいました。博士論文が長距離走ならば、研究者としての人生はさらに距離を重ねるマラソンと表現できるでしょう。とは言え、マラソンには数箇所のチェックポイントがあります。そして、それぞれのポイントでは自分の走ってきた道程や時間配分の正しさを確認することができます。博士論文は、そのチェックポイントの中でも最も重要な位置づけにあるように思えます。自分の研究において、継続すべきところ、捨て去るべきところの思い切った取捨選択が可能になる好機であると言えます。この取捨選択の判断基準は、研

究者一人ひとりが見つけ出すべきことだと思います。

　また、大学教員の立場にありながら、大学院生として学べることは楽しい時間でした。個別の研究室が与えられ、学生からは先生と言われ、大学教員は様々な面で指導を受ける機会が少なくなります。その点で、博士後期課程の数年間は、研究に関して多角的な指導助言をいただき、体系的に研究を再び学ぶ最後の機会でもあります。

　最後に、博士論文の執筆を考えている方は、早めに書いた方がよいということです。もちろん職を得る前の大学院生時代に書いておくのがベストです。ただ、学生と触れ合いながら、自分のペースを守り、博士論文を執筆していくというのもまた違った味わいがあることを、この文章から少し理解していただけたでしょうか。しかし、勤務年数が増えると、役職など大学内での業務量も増えますし、集中力や老眼による視力の低下なども実感することになるかと思います。そのバランスも考えながら、ぜひ、未執筆の方は博士論文に挑戦してみてください。

　教育者、学内業務者、研究者など、多様な側面を持つ大学教員としての仕事と、博士論文執筆の両立は困難を伴うものです。しかし、その困難以上の「やり甲斐」とその後の研究キャリアへのプラス効果をもたらすことは間違いありません。

第13章 「ワークライフキャリア」の悩みと処方箋
——比較教育学をどう生かすか

鴨川明子(山梨大学)

1. はじめに

　第13章では、教職大学院で働きながら、「比較教育学をどう生かすか」について考え実践してきたことを前半部でお伝えします。後半部では、子ども3人を育てている中堅研究者(自称「ポスト若手」研究者)が抱える「ワークライフキャリア」の悩みと、どのようにそれらの悩みと向き合い、研究材を工夫しながら解決しようとしてきたかという処方箋をご紹介します。

　私は、マレーシア教育研究、教育とジェンダー研究、キャリア形成論を専門としており、博士学位論文は、『マレーシア青年期女性の進路形成』(東信堂、2008年)として公刊しています(2009年日本比較教育学会平塚賞受賞作品)。

2. 比較教育学をどう生かすか、の前に

　比較教育学を専攻していた院生の時から、専門をダイレクトに生かすことができる職場に勤められるとよいな、と漠然と思っていました。しかし、人生はそんなに甘くありませんでした。まず、早稲田大学大学院アジア太平洋研究科に任期付きの助教として勤めました。30代前半での初職でした。同大学院は留学生の多い大学院で、留学生と日本人とが混じっている初年次生に対して、アカデミック・ライティングとリサーチ・スキルを教えるというのが主な仕事でした。また、文部科学省が当時実施していた、国際的な競争

力ある大学づくりを推進することを目標とした事業であるグローバル COE の関係で、「アジア統合のための質的・量的分析手法」や「アジア統合セミナー」という科目を担当するというのも、もう一つの仕事でした。そのような主たる仕事に加えて、専門分野である比較教育学の講義を 2 コマ（大学院生対象、日本語版と英語版）、「国際理解教育」（学部生対象）を担当する機会にも恵まれたのは幸いでした。

　次に、セカンドキャリアとして、2013 年から 2019 年まで、現本務校である山梨大学大学院教育学研究科の教育実践創成専攻、いわゆる教職大学院に勤めました。比較教育学を学ぶ人は、大学の教職課程を担当する職に就かれる方も多いようですが、2000 年代後半頃から、新たな就職先の一つとして教職大学院が仲間入りしました。私は、山梨大学に比較教育学のポストで採用されたのですが、教職大学院で一定期間働くということが採用の条件になっていました。産休・育休の時期も含めると約 6 年間教職大学院に所属することになりました。

　2013 年当時の山梨大学教職大学院は、定員 14 名の小さな大学院でした（2020 年現在は拡大改組の結果定員は大幅に増えています）。教職大学院の主たる仕事は、院生の学校実習へ同行することです。教員 1 人あたり 2 人から 4 人の院生を担当し、院生が配属される学校に毎週 2 日間程度同行しました。この頃の悩みは、なかなか机の前に座る時間を確保できないということでした。「研究者としては致命的…」と苦悶することがないと言えば嘘になりますが、学校での実習は、海外の学校でのフィールドワークによく似ていると発想を転換するよう努めました。また、一研究者が、毎週のように職員室等で先生方や子どもたちと話すことができるというのは、日本の学校の日常を知る上で非常に貴重な体験でもありました。

　実習のない曜日には講義があります。教職大学院に勤め始めた当初こそ、「比較教育学をどう生かすか」ということばかりを考えていましたが、教職大学院は教科教育や生徒指導を学びたい院生が多く、なかなか比較教育学という専門分野を直接生かすことはできず、居場所がない日々が続きました。

3. 授業のプロからの助言で「比較の視点」

　とは言え業務に少しずつ慣れてくると、担当する授業で、折に触れて「比較の視点」を盛り込むようになりました。盛り込むように求められた、という言い方が正しいかもしれません。ある日の教職大学院の授業で、「もっとマレーシアとか、鴨川先生の専門の話をした方がいいんじゃないですか」と、院生に指摘されたことがありました。いつのまにか教職大学院での業務が日常化し、「比較教育学をどう生かすか」ということを考えなくなっていた頃です。教職大学院の院生は現職の先生たちなので、いわば授業のプロです。その授業のプロに、取り繕った授業をしてもすぐに見破られてしまっていたのでしょう。それ以来、担当する授業では、比較の視点を盛り込むようにしました。

　例えば、「教員評価・学校評価論」という講義では、各国の教員評価や学校評価の動向を紹介し、日本と比較しながら講義したり、院生にも海外の事例を調べてもらったりしています。そもそも日本の学校現場をいかによくするかが喫緊の課題である先生たちですが、感度の高い先生や先生予備群（ストレートマスター）ほど、海外の教育事情にも高い興味関心を持ってくれるようにも思えます。一方、あまり興味のなさそうな先生には、日本の教育政策と海外の教育政策がいかにつながっているかを丁寧に説明するように心がけました。

　また、「学校改善論」という授業では、院生とともに日本の学校における問題を探し実態を調べ、全体の構造を明らかにした上で、何らかの改善策を提言するという授業実践をしています。改善策を提言するまでの過程で、これまで学んできたフィールドワークの手法や各種調査手法のティップスを伝えると、院生の反応がよい場合があります。つまり、比較教育学研究者が得意とする海外でのフィールドワークの手法や各種調査手法のティップスは、日本の学校現場の実態を調べる上でも大いに生きる可能性があると言えます。ただし、現職研修の一環で派遣されている教職大学院の院生には、改善策を

提言するというところに使命があるため、比較教育学は多少控えめに日本の学校現場に貢献していくのかもしれません。

　いずれにしても、初職の早稲田大学でもセカンドキャリアの山梨大学でも、比較教育学研究者として通用する視点や方法があると実感することができました。私にとっては、「比較の視点」とフィールドワークの手法や各種調査手法が、それに当てはまります。

4.　「フィールドワーク時に子どもをどうするか問題」

　話はがらっと変わりますが、博論を提出してから13年経っていることに気づきました。仮に「ポスト若手」と名付けてみたいと思います。この章を執筆している現在は40代半ばですので、所属する集団によっては中堅研究者と言われてもおかしくない年代かもしれません。私の場合は、3人の子育てのために、7年半程度海外へフィールドワークに行くことができませんでした。その空白期間を考慮すると、30代半ばから40代前半の研究生活（と記憶）がごっそりぬけているため、中堅研究者には至っていない気がしています。

　教職大学院に勤務しながら子育てしている頃の悩みのすべては、海外フィールドワークに行く機会が大幅に減少しているということでした。現在は、子どもも成長してきて（9歳、7歳、5歳）、それぞれが病気にかかる頻度は下がってきてはいますが、やはりフィールドワークの機会をどう見つけるかにいつも頭を悩ませています。比較教育学研究者のアイデンティティにも関わるからです。

　さらに、比較教育学を学ぶ者にとって「フィールドワーク時に子どもをどうするか」という問題は非常に深刻です。悩んでいる時は、子育て中の比較教育学研究者の先輩方によく相談します。第15章を執筆してくださっている乾美紀さんはその一人です。比較教育学に関わる先輩ママ研究者の方の中には、フィールドに子どもを連れていく方もいらっしゃれば、祖父母に預ける方もいらっしゃるようです（第11章参照）。

　私は、子どもが小さいうち（小学校低学年ぐらいまででしょうか）には、フィールドに子どもを連れていかないという選択をしています。私自身の選択というよりは、私の性格をよく知る夫が放った、「研究に集中できなくなる私も、無理やり連れていかれた子どもも（フィールド中）幸せにならない」という名言を根拠に、そのような選択をしています。「フィールドワーク時に子どもをどうするか問題」に唯一の正解はなく、当人やお子さんの性格と、ご家族の考え方によって正解は異なると思っています。

5. フィールドに行けない時の処方箋

　また、なかなかフィールドに出ていくことができない年月の中で、なんとか活路を見出したのは、「研究材（研究の材料）を工夫する」ということです。具体的には、政策文書と教科書を活用しました。

　まず、フィールドに行かずして、マレーシアの研究を続けていく上でとても役に立ったのは政策文書でした。子どもを授かる前までは、年に何度も一定期間フィールドに行くことができていたため、政策文書をフィールド前の下調べ程度の意味付けにしかしていませんでした。お叱りを受けるかもしれませんが、フィールドで得られるデータに比べて、政策文書を多少軽んじていたところもありました。しかしながら、他に術がなかったために、時間をかけて政策文書を眺めていると、政策文書にも担当者の意図が透けて見える瞬間や、静かに、にやにやしながら興味深い発見にたどり着く瞬間があります。

　次に、教科書もフィールドに行かずして研究することができる、よい研究材だと思っています。大分大学の平田利文先生が研究代表者を務めておられた、ASEAN の市民性教育に関する科研に参加する機会をいただいた時のことです。子育て中のために担当国であるブルネイに行くことができない私に代わって、平田先生はじめ研究メンバーの先生方が現地調査に行き、大量の教科書をおみやげに持って帰ってくださいました。教科書は子どもが実際に使っている学習材ですので、その使用頻度や使用義務などに配慮しさえすれ

ば、その国の教育や学びの一端を感じられる研究材にもなります。もちろん、現地に行き、当地の風やにおいを感じることには遠く及ばないかもしれませんが、育児に限らず、様々な事情でフィールドに行くことができない場合の次善の策として教科書はとてもおすすめです。日本国内にも、「教科書図書館」がありますので、ぜひ利用してみてください。

6. ワークとライフのバランスを保つ上で助けられたこと

1) 大学教員、研究職という仕事や環境

　山梨大学の学部生を対象に、「女性のキャリア形成」に関する講義をする機会がありました。その講義で、「大学（という職場）は、家庭と仕事の両立をしやすいですか」と学生から尋ねられました。私はとっさに、「イエスともノーとも言えます」と答え、次のような経験を学生に話しました。初職で早稲田大学に助教として勤務している折に、長男の産休と育休を合わせて8か月ほどいただきました。任期付きの教員とは言え、制度上は育休をより長く取得することも可能でしたし、幸い周囲の先生方の理解もあったのですが、助教という任期付きの仕事をしていたことを理由に、育休を長く取得することを自制してしまいました。その時の選択を大いに後悔し、次男と三男の育休は、長男よりも長めに取得しました。もっとも、山梨大学では任期付きの職ではなかったことが、その選択の大きな要因ではありますが。

　私たちの世代は、「課程博士」を取得することが推奨された世代です。この世代は、博士号取得と就職（多くは任期付き）、妊娠や出産・子育ての時期が重なっていて、難しさを感じることが多いように思います。院生から「どちらを先にすればよいですか」とダイレクトに質問されることも少なくないのですが、私は「博士号を取得し、就職してから子ども、と順を追って考えない方がよいのでは」と答えるようにしています。やはりこの問題にも唯一の正解はないように思うからです。

2) いかに人の手を借りるか、自分にしかできないことは何か

　三男の育休から復職した際に、同じ保育園に3人の子を入園させることができず、3つ別々の保育園に子どもたちを通わせていました。当時のことはあまり記憶にないのですが、唯一、毎朝洋服を選ぶ暇もなかったということだけははっきりと覚えています。そのような日々に、ファミリーサポートの方々や、遠方に住む両親に保育園の送り迎えを手伝ってもらっていました。

　子育て中に、仕事と子育ての諸々とが重なって、どちらを優先すべきか悩むことはとても多いものです。ママ研究者の先輩である米原あきさん（東洋大学）に、「自分にしかできないことは何かについて考えるととても楽になる」、というアドバイスをもらいました。仕事や子育ての選択に迷う際に、よくこのアドバイスを思い出し、自問自答するようにしています。すると、答えとして残ることが多いのは子育ての方で、仕事はあまり残りません。私にしかできない仕事はないのか、と苦笑してしまいます。

3) 制度にも助けてもらう

①キャリア・アシスタント

　山梨大学には男女共同参画推進室が設けられており、推進室には支援制度が幾つかあります（**表III–13–1**）。私も、幾つかの制度を利用してきました。その中でも、CA（キャリア・アシスタント）という制度を通じて、継続して院生に研究の支援をしてもらっています。この制度を利用し始めた当初は、CAに依頼する仕事の内容や方法を考える時間の方が長くなってしまって、作業効率がよいとは決して言えなかったのですが、2年から3年程度この制度を利用すると、ようやく仕事を依頼するコツがつかめてきたような気がします。

　歴代のCAの方々には、仕事の内容や方法について伝えるよりも前に、できるだけ時間をかけて私自身の職務や家庭の状況を理解してもらうように努めてきました。そうすることが、非常に手際よく円滑にサポートしてくれる早道となります。その後に、論文執筆前の資料収集、英語論文のアウトライン邦訳、海外調査前の下準備など研究に関わる様々な仕事を手伝ってもらう

表Ⅲ-13-1　山梨大学男女共同参画推進室による支援制度（筆者利用当時）

A	国内外で開かれる学会の聴講（復帰1年以内の方に限る）
B	国内外で開かれる学会での口頭発表／ポスター発表（復帰2年以内の方に限る）
C	学会に参加するための臨時的保育サービス費用の利用（復帰2年以内の方に限る）
D	論文の投稿（論文投稿のための英文校閲費を含む）（復帰2年以内の方に限る）

注：制度概要に変更があるため、最新の情報を適宜ご確認ください。
出所：山梨大学男女共同参画推進室ホームページ

ようになるのですが、「語学が不得意」といつも言っていた院生が、翻訳ソフトを駆使して多言語の資料収集をしてくれた時には驚かされました。

　そのような CA の方のサポートもあり、復職してからおおよそ5年で復職前と同等の仕事量をこなせるようになってきました。サポートのおかげで研究が効率よく円滑に進むというだけではなく、頼ることができる存在が身近にいるという安心感が、孤独になりがちな子育て世代には重要です。仕事上で安心感が得られることによって、落ち着いて子育てにも取り組むこともできるようになりました。

②科研費や学振特別研究員 RPD

　また、科研費にも、「産前後の休暇又は育児休業取得に伴う補助事業延長制度」など、ワークライフバランスを支える制度があります。私は、採択された科研費について、事業年度のスタートを遅らせる、事業期間を長くする、予算配分を変更するという形で、各々の制度を利用しました。

　日本学術振興会の特別研究員には RPD という「子育て支援や学術研究分野における男女共同参画の観点から、優れた若手研究者が、出産・育児による研究中断後に円滑に研究現場に復帰できるように支援する「特別研究員－RPD」事業」（日本学術振興会ホームページ）他、様々な制度が設けられています。ぜひご自身でも最新の情報を調べてチャレンジしてみてください。

　私自身はチャレンジはしたものの採用されませんでしたが、住友生命によ

る「未来を強くする子育てプロジェクト」という女性研究者支援制度も、比較教育学を学ぶ方がチャレンジできる民間助成金の一つかと思います。

7. 比較教育学の力をつける

　最後に、ポスト若手研究者として振り返って思うことと、これからのワークライフキャリアに関する抱負をお伝えします。

　大学で比較教育学を専門とするポストはもちろんのこと、教職課程や教職大学院で働く機会を見つけることは、今後ますます難しくなってくるでしょう。就職したとしても専門性を存分に生かすことができるのは本当に限られた方だけではないでしょうか。教職課程や教職大学院でポストを得たとしても、第8章で高橋望先生も書いておられますが、日本の学校教育現場でダイレクトに比較教育学を生かすには知恵と工夫が必要です。

　矛盾するようですが、だからこそ、「比較教育学の力をつける」ということを強調したいと思います。比較教育研究者が得意とする視点、内容や方法は何でしょうか。私の場合は日本の学校教育現場での実習というフィールドで「比較の視点」と調査手法やリサーチ・スキルを、非常勤講師としてアカデミック・ライティング等「食べていくための術」を幾つか身につけていきました。さらに、比較教育学の力をつけるということを忘れないでいたいと思っています。言い換えると、ポスト若手研究者や中堅研究者になった時に、どのテーマを極めることができるかを見通すことが重要だと感じています。そして、比較教育学の諸先輩方の背中を追いかけるにつけ、ASEAN共同体の市民性教育、国際教育関係、教育と人の移動、ボーダー（国境）研究や学校に行けない子ども（OOSCY）研究のように、極めるテーマが自然と湧き出てくるのが理想の姿です。

　同時に、厳しい状況の中で、ワークライフキャリアをバランスよく保つというのはとてもぜいたくな話かもしれません。人や制度に助けてもらうことを恐れずに、最後はナントかなると思いながら、できれば自身も周囲も健や

かに、楽しみながら歩んでいきたいものです。

追　記

　　本論文は、科学研究費補助金基盤（C）（課題番号 19K02525）の助成による研究
成果の一部である。

参考文献・資料

　公益財団法人教科書研究センター　ウェブサイト　https://textbook-rc.or.jp/
　鴨川明子（2013）「ブルネイ初等学校の市民性教育―SPN21 カリキュラムにおける
　　社会科と MIB の教科書分析―」『比較教育学研究』日本比較教育学会紀要第 46 号、
　　pp.149-163.

第V部

比較教育学をどう教えるか
（セカンドキャリア・テニュア：専門を生かしやすい職）

第14章　元行政官による「比較教育学」講義

松本麻人（名古屋大学）

1. はじめに

　比較教育学ではお馴染みの話ですが、各国政府の行政官が教育の「借用」のために諸外国の教育調査をしていた時代があり、比較教育学の前史に位置付けられます。日本でも、『理事功程』を著した旧文部省の田中不二麿が知られているように、近代以降に欧米列強の教育を「借用」するための調査が行われてきました。そして現在の文部科学省にも、諸外国の教育の調査を続けている行政官がいます。文科省の外国調査係は、アメリカ、イギリス、フランス、ドイツ、中国、韓国の6か国を中心に、日本の政策に参考となるような諸外国の教育の動向をウォッチしています。この外国調査係に、私は韓国調査担当として2008年から2018年まで在籍していました。現在は、名古屋大学大学院教育発達科学研究科で比較教育学領域の担当教員として勤務しています。韓国の教育全般について研究していますが、特に韓国の高等教育史、キリスト教系大学の歴史に関心があります。

　この章では、大学で「比較教育学」の講義を行うにあたって、諸外国・地域の教育を調査してきた行政官としての経験をどのよう生かしているかを書きたいと思います。伝えたいポイントは、①国の政策関心に合わせた幅広いトピックと対象地域の扱い、②各国政府の政策文書の読み方、③現地調査の重要性の理解、の3点です。

2.　外国調査係での経験

　2018年4月に大学に着任する前、10年間という些か長い期間、東京の虎ノ門に建つ文科省に勤めていました。霞が関の役人の多くは、国会議員や省幹部へのレク（霞が関用語で「レクチャー」の略。「業務に関する説明」を意味するが、使われ方はやや幅広い）、様々な政策会議の設置・運営、各種陳情への対応などで日中は走り回り、夕食を食べた後にようやくデスクワークのためのまとまった時間をとることができるような人たちです。しかし、外国調査係の人員に限っては、一日中デスクの前で過ごすことがほとんどです。つまり、ひたすら外国の教育に関する文献調査を続けているのです。

　外国調査係の業務の目的は、政策立案に資する情報を収集、蓄積し、提供することであり、調査の結果の多くは省内関係部署や国会議員向けの各種資料としてまとめられます。こうした資料は、政策立案に必要な情報だけ、言い換えれば都合のよい情報だけで構成されていることがしばしばです。例えば、教育に関する国の新たな中長期計画を策定するにあたって、数値目標を掲げている各国の教育計画の調査を命じられたことがありました。教育に数値目標を設定するような計画の立て方をする国は、先進諸国にはあまりなく、教育計画の策定のあり様は国によって様々であることがわかりました。しかし、そうした情報は省内上部に報告されていく段階で除外され、業務上ひたすら求められたのは、各国がいかに高い数値目標を立てているかを示すことでした。省庁間で調整し、あるいは国会議員に説明して政策を実現するためには、文科省の提案に説得力を持たせる情報のみで資料を作成する必要があるのです。大学及び大学院での私の指導教官であり、外国調査係の大先輩でもあった馬越徹先生は「行政調査と学術調査は違うから、気をつけよ」と強調していましたが、それがよくわかった10年間でした。

　もちろん、行政調査の経験から得ることができたものも少なくありません。まず何よりも、海外の教育事情について幅広い知識を得ることができました。文科省の政策的に関心のある国に偏重してはいましたが、それでも外

国調査係では 100 か国程度の教育制度や政策に関するデータを蓄積しており、日々それらをアップデートする作業の過程で各国の教育事情や最新の動向を把握することができました。各国の教育政策動向に関する情報収集の方法は、それぞれの国の状況によって多少異なりますが、まずは当該国の教育関連の動向について報じるニュースサイトなどをチェックすることが多いです。ニュースの内容から教育に関する動きを知るのも目的の一つでしたが、私はそれらのニュースのリソースを辿ることに重点を置いていました。ニュースの情報の出所を探ることで、各種計画を含む政府文書や法令案、プレスリリースなどにたどり着くことができるからです。リソースがわかったら、それらを当該国の関連機関ウェブサイトなどで探し、入手します。日本の文科省や内閣府に相当するような機関のウェブサイトにアクセスすることが多かったですが、まれに当該国の在日大使館を通したこともありました。

　そして、日々の業務を通じて担当国である韓国の教育について多くの知識を得ることができました。大学院生の時は韓国の高等教育の歴史、それも日本の植民地時代の私立高等教育機関の歴史について研究していたので、現代韓国の教育制度や政策については不勉強なことが多かったのですが、外国調査係にいた 10 年間で現代韓国の教育像全体についてかなり把握することができたと思います。デスクに届く韓国紙を読んで教育や社会の情勢をチェックすることが日課の一つでしたが、そうした毎日の積み重ねも韓国の政治・経済に対する理解を深めるために役立ちました。自身のフィールドに対するアンテナを張っておくために、みなさんにも研究対象地域の社会情勢についてのニュースを毎日チェックすることをお勧めします。

3.　アカデミックな世界への復帰

　外国調査係の業務を通して、韓国はもちろん、多くの国の教育事情について見識を深めることができたことは大変よい経験でした。しかし、上述の通り、調査業務の目的は日本の政策に資することであり、文科省のニーズに応

じた内容でなければなりません。つまり、自分の興味・関心に従って研究することは困難な状況でした。そうしたストレスを感じながら、自分のやりたい研究ができる環境を求めての転職でした。

　しかし、行政の仕事から離れて10年ぶりにアカデミックの世界に戻ってからは、苦労の連続です。一番危ういと思ったのは、批判的思考の弱化です。業務命令に従って調査することが多かったためか、いつのまにか物事に疑ってかかることに消極的になっていたようです。これは研究者として致命的であり、行政官としての思考回路を早く捨て去ろうと焦りました。また、日本の（霞が関の？）行政文書の特徴の一つは、文意を都合よく解釈できるよう幅を持たせた表現で書かれていることですが、こうした文章に習熟するのに10年間は十分な期間でした。そして、一度習慣化してしまった書き方を改めるのに大変苦労をしています。長期間のブランクがあったとはいえ、このように教育活動でも研究活動でも大きな戸惑いを感じてしまったのは不覚でした。行政官であった時期も、学会大会にはなるべく参加し、研究発表の機会を確保してきたつもりでしたが、研究者として自覚をもう少し意識する必要があったのかもしれません。

　もし、一時的にアカデミックの業界から離れるようなことがある場合でも、学会大会や研究会などには積極的に参加したほうがよいです。こうした機会を意識的に維持することは、関心領域の知見を深めるのはもちろんですが、研究職への志を維持するためにも必要です。また、学生時代に共に学んだ仲間が研究を進めている姿をみることは、自分自身を発奮させるためのよい刺激となります。職場の規定上、学会大会や研究会への参加は、あくまでも個人的な活動であり、出張の扱いにならなかったのは痛かったですが、私にとって研究者としての意識をつなぎとめるライフライン、文字どおり「命綱」でした。

　さて、大学で私が担当している講義は、「比較教育学講義」です。シラバスには次のような内容を掲載しています。

表Ⅴ-14-1　「比較教育学Ⅱ」シラバスの一部

講義の概要	本講義は、比較教育学の概論的な科目として、比較教育学の理論や方法について学ぶとともに、比較教育学の視点から諸外国の教育に係る事象を考察する。具体的には、欧米やアジアにおける学校教育や教育行政制度、教育の国際化、教育スタッフの多様性、グローバル時代の教育課題などを取り上げる。諸外国・地域の教育の特徴を把握し、これを鏡として日本の教育の現状や課題を検討する。
到達目標	比較教育学の理論や方法を理解するとともに、多様な視点から教育現象を考察し、それぞれの国や地域、日本の教育の特徴や課題及びその背景を把握する。
授業内容	1. 導入 2. 比較教育学の歴史と方法 3. 教育制度の比較 　3.1 教育行財政システム 　3.2 教育の福祉制度・政策 - 格差と支援 - 　3.3 才能教育とオルタナティブ教育 4. 世界の学校教育 　4.1 カリキュラム改革 　4.2 諸外国の課外活動 　4.3 学校暴力・いじめ 6. 高等教育政策の比較 　6.1 教育・研究支援事業 -「選択と集中」 　6.2 大学の質保証 - 大学評価事業 7. 総括及び試験

　講義では、最初の3～4回を使って比較教育学の歴史や方法について概観した後、幾つかのトピックを取り上げながら講義を進めています。講義の構成は、国ごとに組み立てるのではなく、トピックごとに興味深い事例や取組を行っている複数の国や地域を取り上げて、それらの特徴や背景について講じています。教育学部の主に3年生を対象としている講義なのですが、私が所属する国際社会文化コース（人間形成学、比較教育学、教育人類学、教育社会学など）の学生のほか、生涯教育開発コース（教育史、教育行政学、社会教育学など）や学校教育情報コース（カリキュラム学、教育方法学、教育経営学など）といった他コースの学生も多く履修する科目です。学校規則や教員評価、いじめ問題など、学生は自身の関心にしたがってそれぞれの卒業研究テーマを考え始めている時期であるので、特定のトピックを軸とすることで学生の興味を惹き

つけつつ、他国・地域の事例を通じて視野を広げさせることを期待しています。そして、それら他の地域の事例を参照軸として日本の問題を考えるよう促しています。

　授業内で活用する資料やデータは、関連する先行研究などの文献資料のほかに、各国の政府、教育行政の所管庁が公表している情報や、OECDやUNESCOなどの国際機関が作成する資料（例えばUNESCO Institute of Statistics: UIS）、また欧州委員会の関連機関が提供する欧州各国の教育データベース（Eurydice）など、インターネットで公開されている情報も活用しています。これらは、いずれも諸外国・地域の教育の現状を把握するために外国調査係の業務で扱っていたリソースであり、なるべく最新の情報を紹介できるよう注意しています。行政官時代に常に最新情報を探していた習性が役に立っているのかもしれません。

　外国調査係が作成した資料もしばしば活用しています。例えば、「諸外国の教育統計」は、外国調査係が担当している米英仏独中韓に日本を加えた計7か国の教育統計について、各国の政府等が公表する統計資料を使って比較可能な形態に加工したものです。分野別の高等教育在学者数や学位取得者数など、他の国際統計には示されていないような統計が掲載されているので、重宝しています。そのほか「教育調査シリーズ」として刊行されている資料には、『諸外国の初等中等教育』などテーマ別の資料と、毎年刊行されている『諸外国の教育動向』シリーズがあります。テーマ別の資料は、制度に関する基礎的な資料としてまとめられており、日本の制度との比較も意識して編集されているので、制度の概要を紹介する時に好都合です。また、『諸外国の教育動向』は各国の直近の教育の動きを把握するのに便利で、それらの情報をベースに調査を深めていくこともできます。

　一方で、国の行政文書を参照するときは、その政府にとって都合のよい情報ばかりが盛り込まれている可能性があることに注意するよう、学生にくぎを刺すことも忘れていません。政府文書を「正しく」読むためには、当該国の政治体制はもちろん、政策立案の過程や毎年の予算編成の仕組み、近年の

政策動向など、承知しておくべきことが多くあります。例えば韓国の教育省が公表する資料は、抽象的で壮大なビジョンを掲げ、そのための遂行課題を数値目標などと共にまとめあげる構成になっています。しかし、こうした資料が予算獲得のための戦略的な思惑のもとで作成されていることは、前職での経験の通りです。公表資料にある取組が実際にどのように行われているか懐疑的にみる必要があったり、実際に現場が直面している課題は資料に表れていなかったりするので、そうした時にも現地調査の重要性を感じます。

　現地調査といえば、外国調査係にいた時も年に1回以上、短い期間ながら韓国を含む海外で現地調査を行っていました。学校関係者や教育行政官に聞き取り調査を行うことも多かったですが、日本の行政官という私の立場に対する警戒心を感じたことも少なくありません。果たしてどのくらい本音を話してくれているのか、どの程度日常の場面を見せてくれているのか、という心配もたびたびでした。このような時、肩書きはつくづく邪魔なものと感じました。また、現実的な悩みとしては渡航予算の縮小がありました。外国調査係が海外渡航などに使う旅費の予算は毎年削られ、どんどん少なくなっていきました。係の予算編成に絡む折衝では、上述のような現地調査の必要性、重要性を主張するのですが、相手方となる担当者にはイマイチ響いていなかったようです。「必要な情報はインターネットで収集可能な時代だろう」というのが相手の常套の言葉で、なぜ現地で情報を収集する必要があるのか、説得することが難しいと感じていました。何しろ、政府にとっては実際がどのようであるかは重要ではなく、自身の政策に都合のよい情報があればそれで十分だからです。こうした経験も、授業で学生に政府の資料を鵜呑みにしないことや、現地の空気を肌で感じるこの重要性などを伝えることを意識させていると思います。特に、現地に赴くことの意義は、教育の実際の状況を確認するだけにとどまりません。可能であれば一定期間滞在し、その地に浸ることで、これまで自身の形成してきたものの見方、考え方が揺さぶられることが期待できます。

4.　おわりに

　私の「比較教育学」の講義において、元行政官としての経験は章の冒頭でも述べた次のようなことに生かされていると考えています。

　①国の政策関心に合わせた幅広いトピックと対象地域の扱い

　②各国政府の政策文書の読み方

　③現地調査の重要性の理解

　①については、様々な国の教育を調査してきた経験は、一つのトピックについて多様な国の事例を参照しながら考える材料を提供することに役立っているように思います。受講生は必ずしも海外の教育に興味がある学生ばかりではないかもしれませんが、教育のあり方の多様性を知ることで、日本の教育の現状を理解するうえでの助けとなるよう心がけています。ただ一方で、行政官としての経験はどうしても日本の教育政策に示唆を与えるものを探そうとする思考回路を強めていて、授業でもそのような視点を強調していないか心配です。もちろん、学問の社会的な意義や貢献は重要ですが、そればかりが焦点化されることは視野の狭隘や思考の短絡化を促進しかねないと思っています。

　②は、政策文書の裏を読むことの重要性です。各国の政策のあり方が多様であることを考えれば、それぞれの国の政策文書の読み方レッスンが成立するような気がしますが、そこまでの知識や経験はありません。日本と韓国の政策文書の読み方を教授するほか、国や公的機関の文書に対しては疑ってかかる姿勢の必要性を説いています。

　③は、②とも関連がありますが、政府が公表する資料はしばしば当てにならないということに言及しつつ、現地で実際を見ること、聞くこと、感じることの重要性について強調しています。もちろんそれだけでは現地調査の魅力が十分に伝わらないので、異文化での体験や人との交わりの楽しさを知ってもらうよう、自身の経験を織り交ぜつつ、海外留学の意義などについても紹介することの大切さを感じています。

　行政官として海外の教育の調査に携わることはなかなか恵まれることのない機会であり、その点では私は非常に幸運であったと思っています。しかし、政策に都合のよい情報収集に集中していたあまり、自ら疑問を持ち、批判的な思考を行う姿勢がいつのまにか希薄化してしまったような気がしています。そうした中で、学生との対話やリアクションペーパーなどを通して寄せられる学生の様々なものの見方や意見は、アカデミックな世界に帰ってきたことを実感させてくれるとともに、研究者としての意識、資質を深めていくための助けにもなっています。

　みなさんが今後のキャリアを考えるうえで、教育に携わる行政官という選択肢は検討に値すると思います。日本の行政機関だけでなく、国際機関もありうるでしょう。これまで述べてきたように、行政官の経験は私にとって大きな糧となっています。ただ、もし最終的に研究職を志すのであれば、行政職にあまり長居することは望ましくないように思います。行政官特有の思考回路や文書作成など、アカデミックな作業と相容れない要素も多く、慣れすぎるとその払拭に苦労します。常に研究者としてのアイデンティティを持ち続けること、これがアカデミックへの回帰の際に鍵となるでしょう。

第15章　アクティブラーニングに基づいた
　　　　　比較教育学の教え方

乾　美紀（兵庫県立大学）

1. はじめに

　筆者は勤務校や非常勤講師を務める大学で、多文化共生教育、Topics in Education Development、Intercultural Education など比較教育学に関連する授業を担当しています。マイノリティの教育や開発途上国（特に東南アジアのラオス）の研究を専門分野としており、任期付きの助教、准教授職などの職を得て、任期切れのたびに就職活動をしてきました。40代前半でやっとテニュア職に就き、現在は兵庫県立大学で教鞭をとっております。

　若手研究者の皆さんは授業の際、どのような悩みを抱えているでしょうか。特にテニュアを目指して研究活動を続けている皆さんは、公募情報に目を光らせながら、寝る時間を惜しんで授業の準備に勤しんでいることと思います。

　本章では皆さんが比較教育学に関連する授業を担当される際に、参考にできるのではないかという授業の方法について自身の実践を交えながら説明していきたいと思います。特に、コロナ禍で思いもよらずオンライン授業を強いられた中で、実際どのようにアクティブラーニングができるかについて検討を重ねた授業例についても紹介していきます。

2. 教科書の選定、シラバスの作成

1) 明確な趣旨説明と目的の確認

　まず言うまでもなく、授業で何を学ぶのか、どのような目的を達成し、どのようなスキルを身に付けることができるのかについて明確に学生に説明することが大切です。近年、これらのことをシラバスで説明することが義務付けられているため、毎回の授業の位置づけについてシラバス全体を振り返りながら確認することが必要です。

　次に「教科書をどうするか？」ということも、大きな問題です。授業は通常半期で15回ありますが、授業ごとに異なる文献、報告書などを印刷するとなると膨大な作業になります。運よく自分の担当授業の目的に合った教科書に出会うことができれば幸いですが、一般的には教科書を決めてからシラバスを作り始めるのではないでしょうか。

　筆者の場合、担当の授業名は異なっても教える内容や流れをなるべく変えないような構成を考え、レクチャーノートと呼ばれる教科書を作成し、15回に分けて授業内容を記しています。これまで何度も改訂し、現在はDiversity and Education DevelopmentというタイトルでISBNも取得し比較的安価（1,000円）で手に取ってもらうことができています。

　レクチャーノートには毎回の授業の日程を書き込めるようになっており、各回の授業テーマ、目的、教材の出典（ユニセフ、国連の報告書など）を一目で見ることができるようにして、予習や復習にも役立ててもらっています（**表V-15-1**参照）。教科書が英語のため予習を必須としており、学生が授業内容を理解できていることを前提に進める反転授業の形で取ることを伝えています。

2) 目的達成の確認（シャトルカードの利用）

　筆者が最も気にかけていることは、授業が教員主体の一方的なものにならないことです。そこで、毎回、学生が授業の目的を達成できたか、また質問

表Ⅴ-15-1　コーススケジュール

Date	Session	Part	Theme	Authors of major reading	Learning outcome
	1	I US	Course introduction, diversity in the US		To understand the difference of educational achievement between voluntary minority and involuntary minority and examine the educational policy to fill the gap.
	2		Minority, majority and school success	Ogub, J. U.	
	3		From assimilation to multiculturalism	Banks, J. A., Ogbu, J. U., Rist, R. C.	
	4	II Developing countries: Southeast Asia	Developing countries and education	United Nations, UNICEF	To understand the educational disparity and the cause in Laos and other developing countries.
	5		Cooperation for education development		
	6		For equal education opportunity: Learning from Ms. Malala's speech	Yousafzai, M.	
	7		Ethnic minority and education in Southeast Asia: In the case of Lao PDR-1	Inui, M.	
	8		Ethnic minority and education in Southeast Asia: In the case of Lao PDR-2	Inui, M.	
	9	III Developing countries	Challenge for communication and presentation in English		To enhance skills of gathering or organizing necessary information and making a presentation.
	10				
	11				
	12	IV Japan	Changing to a multicultural society		To notice the diversity and educational problem in Japan and consider what the students can do to lead to solutions of the problems.
	13		Background of newcomers in Japan	Sellek, Y., Tsuneyoshi, R.	
	14		Newcomers and educational assistance in Japan: Toward multiculturalism	Tsuneyoshi, R., Tokunaga, T.	
	15		Exam (final quiz) and review		

　はないかなどの反応を見るために、シャトルカードを提出させ、双方向のコミュニケーションを実現するようにしています（**図Ⅴ-15-2**、**図Ⅴ-15-3**）。

　しかしお互い書くことが負担になりすぎてもいけませんので、毎回100-200字程度に抑えてもらい、私からも簡潔に答えるようにしています。このシャトルカードを読むことで授業の効果や欠点も明確になるので、毎回引き込まれてしまい、読みながら電車を乗り過ごしたこともあります。

図Ⅴ-15-2　シャトルカードの記入例

Shuttle Card   Intercultural Education,
Name(:漢字   )
Academic year (   )   e-mail address(   )

Date	Questions/comments from students	Reply from instructor
1		
2		
3		
4		

図V-15-3 シャトルカードのひな型

　オンライン授業ではシャトルカードのやり取りができないため、当初はかなり戸惑いました。しかし、頭を切り替え、大学のポータルサイト通じてミニッツ・ペーパー（数分で書くことができる学習メモ）を提出させる仕組みを作ったり、Webex、Zoom などのチャット機能を通じてコミュニケーションをとったりするなどして、シャトルカードに替わる方法で学習の理解度を確認することができました。また、学生の理解度を知るために、クイズを予め作成して保存し、投票機能を用いて回答させたり、授業中に突然指名して質問をする方法を取ったりしたため、学生も緊張感をもって受講し、積極的に学ぼうとしたようです。アクティブラーニングの基本は、学生が主体的に学んでいくことなので、学生がどこまで理解でき、今後どう学んでいきたいかなどの意向を確認することを大切にしています。

3.　方法──アクティブラーニングを用いた取り組み

1) 現実社会とのリンク (Part 1)

　さて、それでは実際に授業をどのように進めていけばよいでしょうか。前掲の表 V-15-1 (スケジュール) をもとに説明していきたいと思います。

　Part1 は、主にマイノリティと教育に関する理論を J.Ogbu (オグブ)、R.Rist (リスト)、J.Banks (バンクス) の文献 (原文の一部) から読み解くという大学 2、3 年生には困難な学習です。しかしながらマイノリティとマジョリティに関わる偏見、教育格差を埋めるための多文化教育の実践については、ぜひとも理解してほしいため、テキストに印刷した空白のワークシートで予習をさせておいたうえ、授業ではパワーポイントで噛み砕いて説明しました。

　しかし最も効果的なのは、現実社会とリンクさせることです。特に J.Ogbu や R.Rist の研究は 1970-90 年代に提唱された理論のため、学生には馴染みにくいです。そのため、Rist のレイベリング理論を説明する時は、現実にアメ

Worksheet 2: Summarize the findings of the two researchers

	Purpose	Method	Findings
Ogbu			
Rist			

図Ⅴ-15-4　予習のためのワークシート

リカで行われた実践授業「エリオット先生の差別体験授業─教室は目の色で分けられた」を見せるなどし、歴史的な理論・議論と現実をリンクさせることを心がけています。

　また新聞記事は、理論と現実社会の関連を伝えることに効果的です。特にマジョリティとマイノリティの関係について日本人学生に説明するのは困難ですが、2020 年 5 月にアメリカで起こった警察による黒人男性の圧迫死事件やそれを起因とする全米規模のデモに関する新聞記事を取り上げることで、遠い国の歴史的な理論をリンクすることが可能となりました。

　新聞記事に加えて、映画もよく取り上げます。例えば人種差別に直面した黒人と白人の男性の友情を描いた「グリーンブック」、メジャーリーグ最初の黒人選手の成功秘話を刻んだ「42- 世界を変えた男」の一部を授業で放映すると、目に見えて学生の理解が深まります。映画を全て見せることはできないので、課題として映画について調べておく、インターネットにあげられた予告編を見ておく指示も出していました。対面授業の時は、授業で学んだことと実際の現場がどのようにリンクしているかについて、ディスカッションの機会を持たせています。この時、2 人組に分け 1 分間でお互いが話すという設定にすると、必ず話さないといけない状況に陥りますので、学生がどれだけ授業を理解できたか把握するのに役に立ちます。私の所属大学ではオンライン授業のツールとして主に Webex を使っていますが、2020 年度前期はグループ分け (break down) 機能が利用できませんでしたので、時折 Zoom を使ってグループに分け、発言を共有することもありました。

2)「生の声」や経験をいかに生かすか (Part 2)

　教科書の Part2 のテーマは、開発途上国における教育開発で、主にマイノリティの子どもたちや学校に行けない子どもたちを扱っています。これらは、筆者が主たるテーマとして扱ってきた研究分野でもあります。実際、学生の中で開発途上国に行ったことがある者は極めて限定されていますので、非常に工夫が必要なテーマでもあります。

　Part2 では、開発途上国における貧困や教育指標の低さを説明し、その後、ある程度馴染みがある、MDGs（ミレニアム開発計画）、SDGs（持続可能な開発目標）について解説し、女子教育の必要性を提唱してノーベル平和賞を受賞したマララ・ユズフザイ氏のスピーチを解読するという盛りだくさんの流れにしています。そして筆者がフィールドとするラオスに焦点を絞り、マイノリティの教育問題について深く学んでいきます。

　これらを教えるうえで筆者が大切にしたのは、生の声を生かすことと、学生に主体的に考えさせることです。毎年、開発途上国出身の留学生や研究者などをゲストに呼び、ディスカッションをしてもらっています。今年度は、ネパール教育省で JICA 専門家として働く研究者仲間をオンラインでゲストスピーカーに迎え、現地でのコロナウィルス拡大の様子や教育問題について講義をしてもらいました。オンライン授業は数々の制約がありますが、メリットは海外と気軽につながることだと思います。もちろん質疑応答も容易にできますので、オンタイムで双方向のやり取りもでき、学習効果は非常に高かったと思います。

　次に学生の主体的な学びを誘導するためにも様々な取り組みを工夫しました。既にご存じかもしれませんが、開発途上国の教育状況（識字や教員の数）についてクイズに答えながら理解を深めることができる「世界一大きな授業」を用い、教室全体をダイナミックに使ってクイズをしたり、旅行者（日本人）が秘境に住む民族を訪ねる時に生じる葛藤をロールプレイで体験したりする「秘境トウヤットにて」を行うなどして実体験を重ねながら学ぶ方法を実践しました。山田編（2019）に掲載されている「アフリカ人留学生のライフストーリー」を生きた教材として使うことも毎年行っています。

　今年度は、SDGs（特に 4 つ目の目標の「教育の質」）について説明した後、実際に教育開発プロジェクトを作る課題を出して次の時間に発表させる機会を設けました。また筆者が、ラオスに学校を建てる学生団体の顧問をしていることから、学生に授業にオンラインで参加してもらい、学生でも開発途上国に貢献できるプロジェクトについて解説してもらう時間も作りました。この

ように自分にもできることを確認したり、距離の近さを強調したりすると、学生がリアクションを起こしやすくなります。学生の解説を機にラオスの学校建設活動に加わる学生もいますので、実践的な行動につながる効果も感じています。

　Part1 に続き、映画の一部分を見せることも続けています。特に筆者が授業では紹介できない開発途上国（ケニア、インドなど）の子どもたちが困難を乗り越えて通学する様子を取り上げたドキュメンタリー「世界の果ての通学路」は、学生が教育を受けることの幸せをかみしめることができる貴重な映画ですので紹介しておきたいと思います。

3) 学びを実践につなげる (Part4)

　Part3 は、学生のプレゼンテーションを取り扱っていますので、先に Part4 についての取り組みを説明します。

　Part4 では、これまで学んできた先進国アメリカの問題や開発途上国の教育課題とは異なり、日本の多文化化や足元の国際化をテーマとしています。これまで他国の遠い話と思っていたことが実際に身近な問題として迫っていることを実感させるため、日本に住むニューカマーの背景、彼らの母語の多様性、日系人、インドシナ難民など主なグループの渡日理由、直面している問題について解説し、行政や NGO などがどのような支援をしているかについても説明しています。

　ただ、やはり学生が住んでいる日本のこととはいえ、現実性を帯びるには難しい内容ですので、再びゲストスピーカー（10 年前に渡日したフィリピン人）にオンラインで登場してもらい、実際、子どもを連れて来日した時にどのような問題に直面したか、どのような支援が必要だったかについて経験を語ってもらいました。またコロナ禍で失業したコミュニティの仲間やフィリピンとの往還ができず家族と会えない状況についても説明を受けました。やはり「生きた教材」となる人との交流やコミュニケーションは何よりも学生に学習効果をもたらします。筆者は外国につながる人たちと交流するのが好きな

ので、積極的に友達になってネットワークを広げてきました。異なる背景を持つ人からの学びは自分の世界を広げ、学生の一生の宝になることもあるので、偶然の出会いでも大切にするように心がけています。

　Part4 で筆者が最も達成してほしいことは学びを実践につなげることです。

　筆者の勤務校が位置する姫路市には主にベトナム人の子どもたちの学習補習教室がありますので、希望者を募って教室に連れていき、ボランティア活動を経験することで学ぶ機会を得ています。例えば、授業で「日常言語」を習得するのは容易ですが、「学習言語の習得」には長期間かかるという説明をしても現実味を帯びて理解できないのが通常ですが、学生が実際に教えてみると「日本語が流暢なのに算数の文章題が理解できていなかった」などの問題に直面し、それを機に本格的にボランティア活動を始める学生も出てきています。これらの経験から、教員が地域と連携して学生に実践の場を提供し、身をもって社会に貢献することの意味を伝えることの重要性を感じています。

4.　全員参加型のプレゼンテーションとは

1) リアルな多文化共生を学ぶプレゼン作成作業

　これまで表 V-15-1 に掲載している Part 1、Part 2、Part 4 の内容をいかに教えるかについて共有してきました。Part3 のプレゼンテーションは、グループ発表とし、オプション 1（開発途上国から国を選び、国の歴史、地理、教育制度、教育問題、国際支援について解説する）、もしくはオプション 2（日本に住むマイノリティグループから一つ選び、そのグループの日本への移住理由、集住地区や人口統計、文化的な特徴や教育の背景、教育問題、行政や NGO からの支援を解説する）から選び、グループで調査し、発表する仕組みになっています。

　学生は親しい仲間とグループで発表をしたがりますが、敢えてランダムにグループを作成し、馴染みのないクラスメイトと接して新しい意見を出し合う過程を作り、リアルに多文化共生を学ぶことができるようにしました。グ

ループ形成後は毎時間グループワークの時間を作り、徐々に打ち解けていくような流れにするのがポイントです。授業ではグループ発表のための書籍・資料の検索方法、参考文献の書き方、パワーポイントによる資料作成の方法などを説明し、学生が能動的にプレゼン資料を作ることを奨励しました。今年度はグループ発表をレポートに替えましたが、グループ発表をしたい学生にはグループを作成させてオンラインで発表をしてもらいました。レポートを書いた学生はその内容を5分程度のパワーポイントにまとめ、Zoomで4人のグループに分けて、グループ内で発表しあう仕組みも作りました。画面越しのプレゼンでしたがお互いに刺激を得たようです。

2) プレゼンテーションの評価

　グループ発表をどう評価するかについても説明しています。グループ発表は30点満点であるため、内容の明確性、内容の一貫性、話し方やジェスチャー、インパクトや興味・関心、時間管理（15分程度）の5項目を各6点で評価することもレクチャーノートに記載していました（**表V-15-2**参照）。今年度より、各項目のルーブリックも作成し、評価の詳細が学生に見えるように提示もしました。

　対面授業の場合、学生が発表する時は筆者だけではなく、全員の学生がグ

表V-15-2　グループ発表の評価基準

The presentation was clear to understand	/ 6
The contents were consistent in the group (no overlap)	/ 6
Attitude and gesture*	/ 6
Impact and interest	/ 6
Time management (15–20 minutes)	/ 6
Total points	/ 30

ループごとに評価表を持ち、発表の後にグループで集まって評価点を付ける
作業や質問を出し合う作業を行い、学生同士がコミュニケーションを取れる
ようにしています。その際、司会もタイムキーパーも学生です。そうするこ
とで、発表学生が一方的に話し、残りの学生は聞くというルーティーンが崩
れ、全員参加型のプレゼンテーションを実現することができます。

5. 学びの評価をどうするか

　学生の学びをいかに評価するかについては教員にとって大きな課題です。
今年度はオンライン授業で進めたことで学生の顔が見にくかったため、学生
が理解に苦しんだポイントや積極的な授業参加を直接見ることができなかっ
たことが課題でした。

　筆者はもちろんミニッツ・ペーパーの提出、チャット機能を使った質疑応
答などで学生の学びを確認していましたが、評価の 20 点を占める試験につ
いては、学生にどのように評価してほしいか選択させる方法を採りました。
教科書から作成したクイズに選択式で答えを選ぶ (カメラはオンにして実施。5
問× 4 点 =20 点)、②新聞記事 (事前配布) を読んで、教科書に関連した質問に
答える、当日、指定した教科書の部分 (1 段落) を読んで、800 字程度で意見
を書く、の 3 つです。筆者にとっても初めての試みでしたが、事前に選択さ
せたところ、3 つともほぼ同じ比率という結果となったのは興味深かったで
す。3 種類の試験を作ることとなりましたが学生に評価法を選ばせることで、
学習に対する主体性を持たせることができたと思います。

6. おわりに

　コロナウィルスの感染拡大以来、私たちは全く見通しが利かない世界に立
たされ、日々新しい授業の方法を模索することに追われました。パソコンの
画面にいる数百名の学生に話しかけるという未曽有の経験をし、学生の顔を

見ないまま資料配布も課題回収もオンラインで行いながら半期の授業を終えることになりました。

　個人的に、対面に勝る授業はないと思っています。しかしながらオンラインで行う授業でも機能を駆使して様々な工夫ができ、アクティブラーニングも実践できたと考えます。対面授業でも、オンライン授業でもまだまだ工夫すべき点はあると思いますが、限られた環境と時間の中で学生の学びを引き出し、今後社会に出て役立つようなスキルを身に付けるお手伝いをすることが教員の役割だと思っています。そのために、皆さんも今は自ら様々な経験を買って出て、新しい出会いの中に飛び込んで行くとよいと思います。若い時に築き上げたネットワーク研究のためにも教育のためにも必ず役に立ちます。

　最後になりますが、教える際に一番大切なことは自分自身が楽しむことだと思います。筆者は毎回の授業の際に様々な仕掛けを作って、学生を飽きさせないような授業計画を練ることが楽しく、一つの生き甲斐にもなっています。ぜひ今後、皆さんの経験を共有していただき、より質の高い授業を構築するための機会を一緒に持つことができたらと思っています。

参考資料

日本ユニセフ協会 (1999)「秘境トウヤットにて」『開発のための教育』
山田肖子編 (2019)『世界はきっと変えられる—アフリカ人留学生が語るライフストーリー』明石書店
Miki Inui, 2020, *Lecture Note Series: Diversity and Education Development*, Union Press.
教育 NGO ネットワーク「世界一大きな授業 2019」http://www.jnne.org/gce/about.html （2020 年 8 月 3 日アクセス）

第16章　比較教育学と国際教育のはざまで

羽谷沙織(立命館大学)

1.　はじめに

　私は、2010年に立命館大学国際教育推進機構に着任し、今年でちょうど10年目を迎えます。国際教育推進機構というのは、他大学では、グローバル推進本部、国際戦略室、国際教育センター、留学生センターなどと呼ばれる部署に相当します。国際戦略にかかわる施策の企画立案および調整を行うとともに、国際交流支援、海外拠点の設置・運営など国際化の推進に関する業務全般に携わっています。私は、2002年に名古屋大学大学院教育発達科学研究科において研究を開始して以来、カンボジア古典舞踊ロバム・ボランの継承と革新という問題について取り組んできました。2003年から2005年までのおよそ2年間の現地フィールドワークも経験しました。本章では、比較教育学で培ってきたスキルを国際教育というフィールドにおいてどのように生かしているかについて述べていこうと思います。大学院生生活を経て着任後、私が難しいと感じた点、また国際教育に携わるうえでの工夫も記載していこうと思います。若手院生のみなさんが今後のキャリアを考える上で少しでも参考になれば幸いです。

2.　フィールドワーカーから実務家へ

　名古屋大学大学院教育発達科学研究科において長い大学院生生活を経て、

2010 年に立命館大学国際教育推進機構へ着任することになりました。採用された当初は、2010 年から 2013 年までの 4 年間の任期付き准教授というポジションでした。大学院生時代はカンボジアを研究対象とし、長期間のフィールドワークも経験しました。ところが、就職したのは、東南アジアはもとより、フィールドワークとはほぼ無縁の世界でした。やっていけるのか当時はとても不安がありましたが、ご縁があってたどり着いた場所において、とにかく一つずつ業務をこなしていこうと心に誓いました。実は、私は 2000 年に立命館大学国際関係学部を卒業したので、就職を機に母校へ戻るという幸運にも恵まれたことになります。

　2010 年当時、立命館大学を含む日本の高等教育においては、文科省が推進する「大学の国際化のためのネットワーク形成推進事業」、いわゆるグローバル 30 が始動していました。グローバルな社会で活躍できる人材の育成を図るため、各大学において様々な取り組みが進められていました。このような流れを受けて、立命館大学では、beyond borders という教育目標を掲げ、国籍、言語、宗教、ジェンダー、障がい、年齢、階層などの多様なボーダーを乗り越える学内グローバル・コミュニティの創造に取り組んでいます。私が所属する国際教育推進機構は、大学の国際化戦略などを専門的に扱う実務部門という性格を有しているので、研究者や授業担当者としてだけではなく、実務家としてのスキルも求められています（実務家としてのスキルについては本稿第二節において詳しく述べます）。しかしながら、私が大学院時代に取り組んだのはフィールドワーカーとしてのスキルを身に付けることであって、国際教育の実務にあたるためのスキルではない、これは困った、どうしよう。窮地の中で、自分がなぜ国際教育推進機構に採用されたのかを考えてみました。立命館大学では、必ずしも比較教育学研究者、もしくはカンボジア地域研究者として採用されたわけではなく、国際交流を推進するグローバル 30 業務の中で留学生を増やす取り組みに関わって採用されたという理由、つまり自分に期待された役割をしっかりと認識することを出発点としました。

　このような思いから、着任後の数年間は、とにかく与えられた業務を一つ

ずつ丁寧にこなしていくことに集中しました。例えば、中国、韓国、タイ、カンボジア、シンガポール、インドネシア、インド、スリランカにおいて学生獲得のためのリクルーティング活動を行うこと、アジア諸国で実施される日本留学フェアで模擬授業を行うこと、立命館大学に関心を寄せるこれらの国の高校生に対して、現地において出前授業を提供することなどでした。

　これらの業務は一見すると、これまで継続してきたフィールドワークを軸とする比較教育学との接点がないように感じますが、実のところ、大学院時代に学んだことが、日常の業務においてもとても役立っていることが、少しずつわかってきました。例えば、アジア諸国の大学や高校を訪問する際には、それぞれの国の教育制度とその歴史的展開、現代的な教育問題など基礎的なことを頭に入れておくことが重要ですが、比較教育学会での学会員による多様な発表、『比較教育学研究』などを通して、私には、諸外国の教育事情に触れる機会が豊富にありました。したがって、たとえ初訪問する国であっても、教育に関する情報に関しては少なからずあるということが強みになりました。

　また、カンボジアでのフィールドワークから得た直接的な経験も、国際教育の業務を遂行する上で非常に役立ちました。例えば、「初対面の人とコミュニケーションを取ることができる（傾聴力）」、「東南アジアのカオスに慣れて

写真Ⅴ-16-1　タイのマハサラカム大学にてタイの先生方との一コマ

いる (柔軟性)」、「暑さに強く、何でも食べる (基礎体力)」というスキルが、上記の業務を支えてくれたと思っています。例えば、大学から命令される出張は、多くの場合、大学の事務局 (大学職員) がスケジュールを組み、同行者として付き添います。スケジュールは効率よく組まれている反面、フィールドワークのように自分のペースで予定を調整する裁量は、あまりありません。したがって、訪問先において出会う人々の話をよく聞き (傾聴力)、多少のアクシデントにはうろたえず (柔軟性)、体調を崩すことなく、首尾よく出張をこなすこと (基礎体力) は、重要なのです。

　今振り返ってみると、着任した当時は、フィールドワーカーとして培ったスキルを国際教育という分野においてどのように生かせばよいのかわからず、途方に暮れていました。というよりも、フィールドワーカーとして培ったスキルが、それ以外の分野で生かせるということにも気が付いていませんでした。しかしながら、比較教育学と国際教育には思っていた以上に関連性があり、大学院時代の経験が、国際教育の実務の場面において、実は生かされているということをお伝えしたいと思います。

3. 実務家としてのスキルと英語

　さて、2020 年、新型コロナウィルス感染症の拡大に伴い、世界中の大学における海外留学プログラムは派遣中止を余儀なくされ、立命館大学においても海外留学派遣、国際交流、多文化共修の機会は減少の一途をたどっています。留学を予定していた学生や、いつかは留学をしてみたいと考えていた学生は、学修計画の見直しを迫られ、未曾有の出来事に右往左往しています。そのような中にあって、国際化と関わる業務はこれまでにない厳しい局面を迎えています。特に、2021 年度から私は、本学国際部副部長という役職に就き、より大きな責任を負うことになりました。業務上の厳しさを一つ上げるとすれば、それは協定大学との交渉・議論・協議の場がこれまでになく増えたということです。立命館大学は、世界 68 か国、461 大学・機関と協定を結ん

でいます (2020 年 5 月 1 日現在)。このうち私が担当しているのは、ごくわず
かの大学・機関ではありますが、新型コロナウィルス感染症の影響によって、
留学プログラムの催行可否を決定しなければならない交渉は少なくなく、毎
回、緊張を強いられます。検討項目は多岐に渡り、学生の学びの保障（単位
問題、自己成長としての多文化共修経験）、リスク回避と学生の安全保障、費用
対効果（プログラム費用、人件費）、協定先大学との関係性など、どれも見過ご
すことができない重要な点です。今年度経験した重たい案件の一つは、立命
館大学と 30 年以上の関わり合いを持つカナダの大学との交渉・協議でした。
先方大学の国際業務担当副学長を含めた複数回に渡るオンライン会議は、毎
回体力をとても消耗しました。

　さて、このような国際化戦略業務に加えて、立命館大学では授業を年間
10 コマ担当してきました。専任教員の年間担当責任コマ数は、10 コマです。
私が担当してきたのは、いわゆる留学リテラシーと呼ばれる「異文化コミュ
ニケーション論」や「英語アカデミック・ライティング」などで、授業はすべ
て英語で実施します。英語での授業実践は、大学院生時代に非常勤講師とし
て担当した経験がありましたので、そこでの失敗体験と成功体験をもとに、
授業作りをしてきました。非常勤講師時代に学んだ苦い経験の一つは、教師
が一方的に説明する授業は学生に響かないということでした。対照的に、学
生が生き生きと活動をした授業は、プレゼンテーションやディスカッション
を通して、彼らに語らせるというものでした。その際、彼らの語りを遮って、
英語の文法やイディオムを訂正すると、学生が委縮して話せなくなるのだと
いうことも学びました。学生を威圧しない学習空間作りは、今も私の授業ス
タイルの一つになっています。

　さて、言うまでもありませんが、現在、日本を含めた世界の高等教育にお
ける交渉言語は英語です。上述したように、立命館大学において日々、協定
先との交渉において用いる言語は英語であり、契約書、協定書、シラバス、メー
ル、会議も同様です。大学の業務の一環として、以下の 3 つの主要国際教育
学会大会に出張しますが、アメリカの National Association of Foreign Student

Advisers（NAFSA）、ヨーロッパの European Association for International Education（EAIE）、アジアの Asia-Pacific Association for International Education（APAIE）においても英語が主要言語です。ただし、東アジアにおける国際化戦略を担当する場合には、中国語、韓国語が必要とされる場合があり、また、個別の国を対象とする場合には、それぞれの現地語が用いられることは、比較教育学者のみなさんには、釈迦に説法かと思います。

　とはいえ、ここであえて国際教育に関連するキャリアを考える若手院生のみなさんに申し上げたいのは、実務においてはもちろんのこと、大学で担当する授業も英語ということが少なくないということです。採用面接の際の模擬授業も英語で実施することが多々あり、近い将来への準備として、英語での口頭運用能力を鍛えておくことの重要性を指摘しておきたいと思います。ただし、みなさんに英語と格闘しておいてほしいと勧めるのは、英語が流暢であることが業務を円滑に遂行するからということだけではありません。そうではなく、いずれみなさんが、大学において「英語が苦手だ」という学生を育てるうえで、ご自身の失敗、挫折、苦労の経験がロールモデルになるからです。実際、教員が授業の中で出会うのは、英語に自信がある学生ばかりではありません。私は、通常第1回目の授業において、以下のような話を学生にします。「私は、英語のネイティブ・スピーカーではないので、授業の中で文法や発音を間違ったりします。できるだけ正確に発言しようと心がけますが、第二言語として英語を話しているので、おのずと限界があります。ちなみに、私の夫はアメリカ人で、英語のネイティブ・スピーカーですが、彼も言い間違いはします。完璧な英語などないのではないかと思います。伝えよう、コミュニケーションを取ろうという姿勢が大事だと思います。このクラスでは、たくさん言い間違いをして、失敗をするところから始めましょう」。

4.　国際教育に携わりながら比較教育学研究を続ける工夫

　国際教育推進機構に着任して数年が経過した頃、同機構に任期の定めのな

い准教授採用の人事がありました。国際教育分野のおもしろさを実感し始め
た頃であったので、是非ともチャレンジしてみたいと応募し、2013年に晴
れて任期の定めのないポストに就くことができました。国際教育という分野
においてなんとか自分の存在意義を見出そうと模索していたので、この分野
でテニュアになったことは、非常に励みになりました。ただし、これは、日
常の業務において、カンボジア研究が遠のいていくことも意味していました。
例えば、国際教育推進機構の同僚たちは、必ずしも比較教育学研究者ではな
いので、東南アジアの話をしたり、研究発表をしたりする場所がないという
障壁がありました。では、どのようにして、学内において、カンボジア研究
を続けられるのだろうか、悩みは尽きませんでした。学内において研究発表
をする場を確保するには、同じような関心を持つ研究グループに飛び込むほ
かないと思い、突如訪れる機会を逃さないようにしました。例えば、2012年、
教養科目の一環として、自分の専門とするテーマをゼミ形式で教えることが
できるという機会がありました。これは、限られた教員のみが担当すること
ができる学内公募という形を取っており、残念ながら私は採択されませんで
した。しかしながら、私のカンボジアに関するプロポーザルを見た審査員（当
時、立命館大学文学部教授であった藤巻正己先生、マレーシア観光研究）が、学内
における東南アジアに関する研究会に参加しないかと声をかけて下さり、そ
こから、同研究会において、口頭発表をするなど積極的に研究を続けて来ま
した。この取り組みは、その後、本学文学部教授の遠藤英樹先生（観光社会
学研究）の科研において、研究分担者になることにつながりました（2017-2020
遠藤英樹代表基盤研究C「アジアにおける平和の記憶を紡ぐメディアとしてのダーク
ツーリズム」、および2020-2023遠藤英樹代表基盤研究C「グローバルなアジア世界の
共生を志向するポリフォニック・ツーリズム（多声的観光）」）。

　少し話が逸れますが、私は、大学院生の頃からカンボジア古典舞踊ロバム・
ボランの研究を進めてきました。ロバム・ボランの起源は、6世紀に遡るこ
とができ、宮廷舞踊として王族の誕生祭、婚礼などの際に宮廷の中で披露・
組織化されてきました。アンコール王朝から伝わる「伝統」、あるは民族や

国家の集団性を象徴するものとして読み解かれてきました。そして、これまでの研究は、ロバム・ボランは女性舞踊家が継承するものであるという言説を所与としてきました。しかしながら、2015年、ロバム・ボラン舞踊家／LGBTQアクティビストであるプルムソドゥン・アオク（Prumsodun Ok）が民間ゲイ古典舞踊団（Prumsodun Ok & NATYARASA）を設立したことを契機に、カンボジアの芸術を牽引する正統な担い手は誰かという新しい問いが生まれています。文化は社会を映しだす鏡だと言われますが、女性の継承性が前提とされてきたロバム・ボランの中に、LGBTQによる文化表現をどのように包摂しようとしているのか、包摂と抵抗の動態を興味深く見ています。ロシアの思想家バフチンは「ポリフォニー polyphony」という概念を用いて、それぞれに独立して溶け合うことのない声と意識たちと、それぞれに重みのある複数の声に意識を向けることの重要性を指摘しています。民間ゲイ古典舞踊団の設立にみる多様性の議論は、カンボジアにおいて複数性と多旋律を重要視しようとする社会の萌芽とも言い換えることができ、カンボジアが内戦・貧困を乗り越えて、新しい時代に入ったことを感じさせます。勤務校における新しい業務に追われ、研究は遅々として進まず、結果的にロバム・ボランという一つの研究テーマを長く追うことになりました。しかしながら、一つの

写真V–16–2　フィールドワーク時（森下稔氏撮影）

テーマを長期的に検討するということの意義を最近、強く感じています。

5.　比較教育学とキャリアとのつながり──若手院生のみなさんへのメッセージ

　ここまで、比較教育学で培ったスキルを国際教育において、どのように生かしてきたのかというケーススタディを紹介してきました。私の本務校における国際教育の業務は、（残念ながら）比較教育学講座を運営することや、院生を育てることではありません。ただし、学内において、その時々に舞い降りてきたチャンスの中で、自分なりに工夫をしながら比較教育学の普及に努めてきました。例えば、本稿第3節において記したように、立命館大学の中では文学部の先生方との出会いがあり、2012年度-2013年度には、入院中の教員に替わって2年間のみ文学部でゼミを担当する機会に恵まれました。ゼミを持つ経験は初めてだったので、大学院生だった頃に指導を受けた西野節男先生、服部美奈先生の指導を振り返りながら、できるだけ厳しく、愛情をもって、比較教育学的な視点を学生に伝えるように努めました。このほか、2018年から本学では、Global Fieldwork Projectという東南アジア短期留学プログラムを開始しており、カンボジアへ学生を引率をする機会があります。比較教育学、そしてカンボジアを学生に伝えることができる貴重な機会だと思っています。

　最後になりますが、国際教育であれ、異なる分野であれ、就職した先において期待されている役割をよく理解し、しなやかに対応する柔軟性を持ち合わせていることは重要なスキルだと思います。とくに、新型コロナウィルス感染症の拡大に伴い、対面式授業からオンライン授業への変更を迫られ、フレキシビリティをもって事態に臨むことの必要性は誰もが感じているところではないでしょうか。他方、中長期には、自分の研究テーマや問題意識を崩さないタフネスも研究者にとっては必要なのではないかと思います。

おわりに

　本書を最後まで読んでいただきありがとうございます。読者のみなさんの感想が気になるところです。

　「若手研究者必携」を掲げた日本比較教育学会研究委員会企画の第二弾ですが、無事校了を迎える段階に至って、若手のみなさんに役立つものになったか、自信がある一方で一抹の不安が入り交じった複雑な感覚です。

　若手研究者を指導している大学教員の方々にとっては、本書は非常に有意義なものに感じられるのではないかと期待しています。共感できる部分が多々あるのではないでしょうか。他方で、主たる読者として想定している若手研究者には、実感が湧かないという感想があっても仕方がないと思っています。いわゆるハウツー本のような仕上がりにはなっておらず、よくある「これだけやればあなたにもできる」というようなキャッチコピーにはほど遠いと思われます。どちらかというと、比較教育学を学ぶ人の多様な生き方や働き方が事例研究として並置されているような印象を与える面もあるでしょう。

　本書の構成は、キャリアステージ順に配置されるように工夫されています。各部の分け方は、院生からセカンドキャリアまでの段階を意識しています。それに対し、各章は、それぞれの執筆者の体験に基づくものです。すべての章に書かれていることがすべての若手研究者がこれから共通に体験することになるわけではありません。若手のみなさんには、ご自身の現状や志望・希望・予測と比較対照するための参照点として各章を読んで活用していただくように、お願いします。複数の参照点（章）があると、自身の立ち位置がより明確に捉えられると思います。

　さて、本書の企画は、2017年度に筆者が研究委員長になったときから始められました。杉村美紀会長から委員長職に指名されて最初の仕事は、委員の選任でした。筆者が最初に指名したのは、本書の編者である鴨川明子さんでした。ご自身の担当章に書かれているように、数度にわたる育児休業を経て、職場復帰されたばかりの頃でした。実力ある鴨川さんには、勤務校ばかりではなく、研究にも学会にも復帰してもらいたい気持ちが筆者にはありました。依頼したところ、本務校の職務と家事・子育てに奮闘しているからこそ、若手研究者支援事業としてキャリア形成支援を企画したいというアイデアが、鴨川さんから出てきました。市川桂さんには、多忙な鴨川さんのサポートをお願いしたという経緯です。

　大会ラウンドテーブル企画の検討から具体的な作業が始まりました。普段はメールでのやりとりでしたが、年に一度新宿に集まって、ロシア料理店でランチを共にし、北欧の都市名がついた喫茶店にハシゴして、資料を広げて話し合ったことが、つい最近のことながら懐かしく思い出されます。会計が割り勘だったこともあり、筆者自身は本書の編者になることを予期していませんでしたが、本書に対する称賛は鴨川さんと市川さんに贈り、本書の責任は研究委員長であった筆者がとるということで納得しました。

　筆者は編者でありながらも、本書はお二人の手によるものですから、最初の読者として通読させてもらいました。一言感想をのべると、本書の内容はこれまで学会や研究会の後の懇親会で会話されてきたことだと思います。もちろん、会話は双方向的で、本書は一方向的という相違はあります。当初は、書き慣れないテーマに戸惑う執筆陣でしたが、いざ書き始めてみるとスラスラと書けるようでした。少なくとも何度かは話したことがあることで、それを文章に表現したからだと思われます。

　本書がコロナ禍の最中に出版されることの意義が、懇親会の代替になりうるということに見いだせるのではないかと感慨を抱きます。たしかに、オンラインでの研究会や発表会というかたちで、研究交流の機会が確保されるようになっています。しかし、ひとたび「退出」ボタンを押したとき、つなが

りのすべてが切断され、日常の居場所に一瞬で引き戻されることへの違和感には未だ慣れません。同じように感じているみなさんであれば、本書は心のよりどころと言っては言い過ぎかもしれませんが、役に立てるのではないかと期待しています。

　「よってたかって比較教育学」という稲葉継雄先生の言葉を前編著（山田肖子・森下稔編『比較教育学の地平を拓く：多様な学問観と知の共働』東信堂、2013 年）のあとがきに引用しました。本書でも、同じ気持ちです。「よってたかる」のが日本比較教育学会のよいところだと思います。コロナ禍の困難を「よってたかって」生き抜いて、アカデミックキャリアをつないで行きましょう。

　　2021 年 1 月

　　　　　　　　　　　　　　　　　　　編者を代表して　森下　稔

索　引

執筆者一覧（執筆順、○印編著者）

石川裕之　　京都ノートルダム女子大学准教授（第1章）

川口　純　　筑波大学助教（第2章）

荻巣崇世　　上智大学特任助教（第3章）

佐藤　仁　　福岡大学教授（第4章）

北村友人　　東京大学准教授（コラム）

佐藤裕紀　　新潟医療福祉大学講師（第5章）

武　小燕　　名古屋経営短期大学准教授（第6章）

内海悠二　　名古屋大学准教授（第7章）

○市川　桂　　都留文科大学特任講師（コラム）

高橋　望　　群馬大学准教授（第8章）

中島悠介　　大阪大谷大学准教授（第9章）

○森下　稔　　東京海洋大学教授（第10章）

江田英里香　神戸学院大学准教授（第11章）

伊井義人　　藤女子大学教授（第12章）

○鴨川明子　　山梨大学准教授（第13章）

松本麻人　　名古屋大学准教授（第14章）

乾　美紀　　兵庫県立大学教授（第15章）

羽谷沙織　　立命館大学准教授（第16章）

若手研究者必携 比較教育学のアカデミック・キャリア
　　──比較教育学を学ぶ人の多様な生き方・働き方──

2021年3月5日　　初　版第1刷発行　　　　　　　〔検印省略〕
　　　　　　　　　　　　　　　　　　　　定価はカバーに表示してあります。

編著者ⓒ森下稔・鴨川明子・市川桂／発行者　下田勝司　　　　印刷・製本／中央精版印刷

東京都文京区向丘1-20-6　　郵便振替00110-6-37828
〒113-0023　TEL(03)3818-5521　FAX(03)3818-5514
発　行　所
株式会社 東信堂
Published by TOSHINDO PUBLISHING CO., LTD.
1-20-6, Mukougaoka, Bunkyo-ku, Tokyo, 113-0023, Japan
E-mail : tk203444@fsinet.or.jp　http://www.toshindo-pub.com

ISBN978-4-7989-1682-8 C3037
ⓒ Minoru Morishita, Akiko Kamogawa, Katsura Ichikawa

東信堂

書名	著者	定価
若手研究者必携　比較教育学のアカデミック・キャリア —比較教育学を学ぶ人の多様な生き方・働き方	森下稔・鴨川明・桂子 編著	二〇〇〇円
若手研究者必携　比較教育学の研究スキル	山内乾史 編著	一七〇〇円
リーディングス　比較教育学　地域研究	山田肖子 編著	三七〇〇円
リーディングス　比較教育学 —多様性の教育学へ	近藤孝弘 編著	四六〇〇円
比較教育学事典	日本比較教育学会編	一二〇〇〇円
比較教育学の地平を拓く	馬越徹 編著	三六〇〇円
比較教育学 —越境のレッスン	馬越徹	三八〇〇円
比較教育学 —伝統・挑戦・新しいパラダイムを求めて	M・ブレイ 馬越徹・大塚豊監訳	三八〇〇円
国際教育開発の研究射程 —「持続可能な社会」のための比較教育学の最前線	北村友人 編著	二四〇〇円
国際教育開発の再検討 —途上国の基礎教育普及に向けて	小川啓一・西村幹子・北村友人 監訳	二八〇〇円
発展途上国の保育と国際協力	浜野隆・三輪千明 編著	三八〇〇円
中国教育の文化的基盤	顧明遠 大塚豊監訳	二九〇〇円
中国大学入試研究 —変貌する国家の人材選抜	大塚豊	三六〇〇円
東アジアの大学・大学院入学者選抜制度の比較 —中国・台湾・韓国・日本	南部広孝 編著	三六〇〇円
中国高等教育独学試験制度の展開	南部広孝	三二〇〇円
現代ベトナム高等教育の構造 —国家の管理と党の領導	関口洋平	三九〇〇円
中国の職業教育拡大政策 —背景・実現過程・帰結	劉文君	五〇四八円
中国における大学奨学金制度と評価	王帥	五四〇〇円
中国高等教育の拡大と教育機会の変容	王傑	三九〇〇円
中国の素質教育と教育機会の平等	代玉	五八〇〇円
現代中国初中等教育の多様化と国際バカロレア —都市と農村の小学校の事例を手がかりとして	楠山研	三九〇〇円
グローバル人材育成と教育改革 —アジア諸国のIB導入実態	李霞 編著	三二〇〇円
文革後中国基礎教育における「主体性」の育成	李霞 編著	二九〇〇円
台湾における高等教育多様化の論理	廖于晴	三六〇〇円
「郷土」としての台湾 —郷土教育の展開にみるアイデンティティの変容	林初梅	四六〇〇円
戦後台湾教育とナショナル・アイデンティティ	山﨑直也	四〇〇〇円
アセアン共同体の市民性教育	平田利文 編著	三七〇〇円
市民性教育の研究 —日本とタイの比較	平田利文 編著	四二〇〇円

〒113-0023　東京都文京区向丘1-20-6
TEL 03-3818-5521　FAX 03-3818-5514　振替 00110-6-37828
Email tk203444@fsinet.or.jp　URL:http://www.toshindo-pub.com/
※定価：表示価格（本体）＋税

〒113-0023　東京都文京区向丘1-20-6　　TEL 03-3818-5521　FAX03-3818-5514　振替 00110-6-37828
Email tk203444@fsinet.or.jp　URL:http://www.toshindo-pub.com/

※定価：表示価格（本体）＋税

東信堂

〒113-0023　東京都文京区向丘1-20-6　　　TEL 03-3818-5521　FAX03-3818-5514　振替 00110-6-37828
Email tk203444@fsinet.or.jp　URL:http://www.toshindo-pub.com/

※定価：表示価格（本体）＋税

〒113-0023　東京都文京区向丘1-20-6
TEL 03-3818-5521　FAX03-3818-5514　振替 00110-6-37828
Email tk203444@fsinet.or.jp　URL:http://www.toshindo-pub.jp/
※定価：表示価格（本体）＋税

東信堂

いま、教育と教育学を問い直す
――教育哲学は何を究明し、何を展望するか

教育的関係の解釈学

教員養成を哲学する――教育哲学に何ができるか

大学教育の臨床的研究――臨床的人間形成論第Ⅰ部

臨床的人間形成論の構築――臨床的人間形成論第2部

人格形成概念の誕生――近代アメリカの教育概念史

社会性概念の構築――アメリカ進歩主義教育の概念史

温暖化に挑む海洋教育――呼応的かつ活動的に

教育哲学のデューイ――連環する二つの経験

学びを支える活動へ――存在論の深みから

グローバルな学びへ――協同と刷新の教育

大正新教育の思想――生命の躍動

大正新教育の受容史

大正新教育の実践――交響する自由へ

空間と時間の教育史――アメリカの学校建築と

応答する〈生〉のために――〈力の開発〉から〈生きる歓び〉へ

子どもが生きられる空間――生・経験・意味生成

流動する生の自己生成――教育人間学の視界

子ども・若者の自己形成空間――教育人間学の視線から

森田尚人編著	三三〇〇円	
松浦良充編著		
坂越正樹監修	三二〇〇円	
林泰成・山名淳・古屋恵太・下司晶編著	四二〇〇円	
田中毎実	二八〇〇円	
田中毎実	二八〇〇円	
田中智志	三六〇〇円	
田中智志	三八〇〇円	
田中智志編著	三二〇〇円	
田中智志編著	三五〇〇円	
田中智志編著	二〇〇〇円	
田中智志編著	二〇〇〇円	
橋本美保編著	四八〇〇円	
橋本美保編著	三七〇〇円	
田中智保編著	四二〇〇円	
宮本健市郎	七〇〇〇円	
宮本健市郎	三九〇〇円	
高橋勝	一八〇〇円	
高橋勝	二四〇〇円	
高橋勝	二四〇〇円	
高橋勝編著	二七〇〇円	
田中智志	二二〇〇円	
山田肖子	一〇〇〇円	
天童睦子	一〇〇〇円	
菊地栄治	一〇〇〇円	
西川芳昭	一〇〇〇円	

〒113-0023　東京都文京区向丘1-20-6　　TEL 03-3818-5521　FAX 03-3818-5514　振替 00110-6-37828
Email tk203444@fsinet.or.jp　URL:http://www.toshindo-pub.com/

※定価：表示価格（本体）＋税

〒113-0023　東京都文京区向丘1-20-6　　TEL 03-3818-5521　FAX03-3818-5514　振替 00110-6-37828
Email tk203444@fsinet.or.jp　URL:http://www.toshindo-pub.com/

※定価：表示価格（本体）＋税

東信堂

オックスフォード　キリスト教美術・建築事典	P&L・マレー著 中森義宗監訳	三〇〇〇〇円
イタリア・ルネサンス事典	J・R・ヘイル編 中森義宗監訳	七八〇〇円
美術史の辞典	P・デューロ他 中森義宗・清水忠訳	三六〇〇円
涙と眼の文化史—中世ヨーロッパの標章と恋愛思想	徳井淑子	三六〇〇円
青を着る人びと	伊藤亜紀	三五〇〇円
社会表象としての服飾—近代フランスにおける異性装の研究	新實五穂	三六〇〇円
書に想い　時代を讀む	河田悌一	一八〇〇円
日本人画工　牧野義雄—平治ロンドン日記	ますこ ひろしげ	五四〇〇円
美を究め美に遊ぶ—芸術と社会のあわい	江藤光紀 荻野厚志 田中佳 編著	二八〇〇円
バロックの魅力	小穴晶子編	二六〇〇円
新版　ジャクソン・ポロック	藤枝晃雄	二六〇〇円
西洋児童美術教育の思想—ドローイングは豊かな感性と創造性を育むか？	要真理子 前田茂 監訳	三六〇〇円
ロジャー・フライの批評理論—知性と感受性の間で	要真理子	四二〇〇円
レオノール・フィニ—境界を侵犯する新しい種	尾形希和子	二八〇〇円

（世界美術双書）

バルビゾン派	井出洋一郎	二〇〇〇円
キリスト教シンボル図典	中森義宗	二三〇〇円
パルテノンとギリシア陶器	関隆志	二三〇〇円
中国の版画—唐代から清代まで	小林宏光	二三〇〇円
象徴主義—モダニズムへの警鐘	中村隆夫	二三〇〇円
中国の仏教美術—後漢代から元代まで	久野美樹	二三〇〇円
セザンヌとその時代	浅野春男	二三〇〇円
日本の南画	武田光一	二三〇〇円
画家とふるさと	小林忠	二三〇〇円
ドイツの国民記念碑—一八一三年—	大原まゆみ	二三〇〇円
日本・アジア美術探索	永井信一	二三〇〇円
インド、チョーラ朝の美術	袋井由布子	二三〇〇円
古代ギリシアのブロンズ彫刻	羽田康一	二三〇〇円

〒113-0023　東京都文京区向丘1-20-6　TEL 03-3818-5521　FAX03-3818-5514　振替 00110-6-37828
Email tk203444@fsinet.or.jp　URL:http://www.toshindo-pub.com/

※定価：表示価格（本体）＋税